挑戰與回應

──王世榕時勢論壇──

王世榕 著

序

王世榕大使與瑞士僑訊

　　王世榕先生是二〇〇二年初夏到二〇〇八年年初台灣派駐在瑞士的首席外交官。他的地位是大使，在僑界聚會的場合，大家都稱他為我們台灣人在瑞士的大家長，他另外還有個教授的頭銜，這是王世榕先生原本行業的職稱，只是在瑞士他沒有運展的地域。

　　《瑞士僑訊》的發行是我二〇〇二年二月底在台北參加「全僑民主和平聯盟」成立大會回到僑居地瑞士後，思考如何推展在瑞士「聯盟」的工作而想到的出路。因為之前在瑞士僑界沒有中文刊物流通，個別僑社團體自立，缺乏橫的聯繫，我認為有必要發行一份流通刊物，此主意提出後得到當時的大使黃允哲先生全力支持，我就開始興致勃勃的準備刊行，還沒來得及出第一期時黃大使已調任到非洲。

　　從一開始用中文電腦以來我一直對排版很感興趣，後來也擁有了軟、硬體設備，還以此作過些生意。曾好奇的為「瑞士中華學人暨專業協會」出了本通訊，可惜只出了一期就因

缺稿源而作罷。後來「瑞士台灣商會」為加強會員間的聯繫，編排通訊寄發會友，我跟當時的會長江秀份女士，在她會長任期內編排出了多期會訊，獲得很好的回應，有了這個經驗，我認為值得再出發，因此買了台可印雙面的雷射印表機就印出第一期（接著察覺工作量太大，還是交由專業印刷業承擔較妥），二○○二年四月底開始編排第一期，從一開始我就清楚稿源是僑訊準時出刊的一個最大困擾。沒想到伴隨王大使到來的不僅是位官方代表，而且是位文膽（因為他告訴我們在台北，他是位「主筆」），這下可好了，我快煮熟的鴨子有了醬、餅和蔥等等不能缺的作料。僑訊編輯部一知道有此好康，採取緊迫釘人戰術，王大使也全力配合，只是我們不時會聽到溫和的抱怨，因為大使得為僑訊趕稿而犧牲了週末的休閒，但這樣的辛勞不是沒有代價的，這幾年來累積下可觀的文稿，這也是能出版此書的根源。

我們將此書列為《瑞士僑訊》的第一本叢書，希望藉由此書的出版能帶動《瑞士僑訊》的永續發行。

透過僑訊主編顏敏如，我們與秀威資訊科技公司聯繫上，經由其支持，此書才能順利在台北出版，在此特別感謝。

＊《瑞士僑訊》是一本聯繫台灣人在瑞士的中文季刊，除報導瑞士各社團的活動外，也提供藝文園地登載瑞士文友的作品。

序

走過，必留下痕跡

顏敏如

瑞士僑訊主編

「哈囉，Madame顏嗎？這裡是伯恩代表處……」對我陌生的稱呼，異於平常的語句，不熟悉的聲音……

那是近六年前瑞士初夏的一個上午，一通從駐瑞士代表處來的電話，開啟了在台灣以外地區，一個小小不為人知的，百姓與官員互動的序幕。

王代表因為看了前任黃代表留傳給他的一篇文字及建議，在他到任第三天便給我電話。這篇由我撰寫的文章，記錄了獨力為年輕音樂家舉辦音樂會格林先生的生平、思想以及從事教職之外，他那業餘「音樂經紀人」工作的艱辛歷程。這文章在台灣報上連載發表後，我便把原稿連同建議交到當時即將離職黃代表的手上；建議的內容是希望代表處能贊助格林先生自資籌辦的各種獨奏、合奏古典音樂會（近二十年來格林已花費十五萬瑞朗，約四百多萬台幣籌辦音樂會，並且將繼續不斷做下去）。建議的動機當然是藉著一年平均至少

有四十次贊助人身份的曝光率，企圖對當前台灣外交困境做
一小小突破。

為了和格林面談，當初剛上任不久的王代表便造訪了有著
千年歷史的巴洛克小城Solothurn。格林先生對王代表熟悉某座
雕像的背景故事，印象深刻；而王代表的親切健談，讓人覺
得，初次見面的陌生人不必然存在著生疏的距離。

然而代表處贊助音樂會一事，後來由於其他始料未及的因
素而作罷，殊為可惜。

近年來，在於公於私的接觸當中，間接得知王代表的旅瑞
公職裡，促請瑞士政府繼續凍結拉法葉艦四十多個賬戶佣金
的流動並打贏國際官司，是他的重點工作之一。王代表到任
後，便在前幾任代表所打下的基礎上，全力以赴。台瑞之間
沒有官方外交關係，要圓滿達成此一任務的困難度，外界難
以想像！一般台灣民眾或許認為，只要提得出可信的證據，
瑞士沒有不判處其國內各銀行應與台灣合作的理由。

然而事情並不如此單純，第一個必須面對的問題是，台灣
在國際上具備做為原告的資格嗎？一旦瑞方答應司法協助，
便形同瑞士間接承認台灣是一主權獨立的國家，此事中共必
定無法忍受，台瑞雙方的司法合作必定遭到杯葛。就在這一
波各工業國家許多產業外移至中國，瑞士也不例外的情況
下，即使聯邦法院做出對台灣有利的判決，瑞士國會是否會
遭受來自工商團體為了去除中共所施加的壓力，而阻擾「法

律歸法律」的進行，難以預料。所幸，聯邦法院最終判決台灣勝訴，在沒有國會抵制的情況下，台北法務部已順利得到瑞士的合作，歸還違法佣金的工作，目前正逐一進行當中。

瑞士是個小而精緻的國家，由於多山的自然地形，與各個城鎮採高度自治人文景觀的限制，只有五百人左右的台灣僑民，彼此間的互動與其他歐洲各大城的情形相較，著實少了許多。因著王代表的催生以及代表處的資助，《瑞士僑訊》季刊的發行讓這種「同在一領土內卻彼此不相知」的尷尬，或多或少得到了緩解。在職近六年，王代表似乎成了《瑞士僑訊》的專欄作家，這本集子收錄他所曾經發表的篇章，既有政治，更有人文。讀者可透過此書了解台灣駐外代表的思維與關懷。我謹以這刊物小編的身份，向王代表從未停歇的賜稿相助，誠懇致謝。

全世界有多少人，就有多少種的感想與說法。其中極少的，不引起爭執的「共識」之一，便是在承平時期，沒有痛苦壓力之下，對時光快速往前推進的感覺。數年歲月，晃眼即過，王代表雖來去匆匆，希望他「再續前緣」，不斷向僑訊的讀者撰述台灣實況及其所任新職的相關內容。果真如此，則離情可免，因相聚可待。我們祝福他。

2008新春開年於瑞士

序

熱情洋溢的多才郎

朱文輝

瑞士僑訊編輯委員

　　千萬年的凜風寒雪，沒帶給瑞士什麼折損，反而增添她的冰肌玉骨。在過去五年多的歲月裡，王大使與台灣旅居瑞士僑學界及藝文愛好者之間的密切往來互動，如今雖不免也到了互道珍重再見的時刻，今後我們在日常生活中固然會少掉大使親切有如春風的爽朗笑聲和雋語，但他儒雅兼具豪放的風範，會透過記憶留存我們心底，我們會用感念來與大使密切結合在一起，就像阿爾卑斯山的冰河與積雪，永凝不化。**天下無不散的筵席，人生散聚無常，珍惜曾經擁有及當下，便是恆常。**大使駐節瑞士期間殫精竭慮於折衝樽俎之餘，更不忘揮灑秀筆孜孜從事立言，將他豐富的知識、見聞、思維和體驗透過文字一一紀錄下來，提供大家參考與學習。大使之於我，亦長官亦良師亦益友。多年請益承教，蒙匡不逮，終生受用。無以回饋，謹此敬獻幾句心頭感言，俾呈存念。

台灣人 大陸人 海外華人 外國人

無分彼此

都是同屬人類的地球人

王大使 王世榕 王文山 文一郎

角色變來變去還是同樣一個

熱情洋溢的多才郎

不管您找蘇格拉底 黑格爾 海德格 對話

或與老莊 孔孟 王陽明 扯淡

殊途而同歸的文哲心靈

總能讓您侃侃而入

至於政治的舌戰

那是硬著頭皮的

一種傷感情對不起

公與婆之間各說各話的硬道理

中英法日德的文字障

擋不住閣下的廣結善緣

無礙的辯才

馳騁於不同語言的生活情境

詮釋了您快意笑談的人生

時間的長河

潺潺流盡

天地的無限

奔衝宇宙的廣袤

對照你我生命

便與朝生暮死的蜉蝣

同歸一個不分刻度的測量單位

2008年1月27日敬獻於瑞士

挑戰與回應 >>>>>
—— 王世榕時勢論壇

感言

致王大使：
僑愛合唱團輕歌妙語的回憶與祝福

之一（黃美玲）

五年半前，依依送走黃大使，難掩不捨。隨後，迎來了王大使，在心裡暗自下的第一個註腳是：好在來的是位可愛的大使！繼而知道他博學，感受到他的可親，見到他推動僑務不遺餘力。無奈眼一眨，幾年前那份難捨又得重演，只能在此盼他無論到哪都開心，都淋漓盡致的過每一天，在我們心中那開朗的身影永遠不變！

p.s.附加祝福——父慈子孝！

之二（游蕙嘉）

提到王大使，他的博學多聞、風趣開朗不用我多說，我想說幾個大使的小秘密。

　　兩年前的秋天，在伯恩中文學校所在的G小鎮街上走著的我，聽到身後有人大喊：「喂！～喂！」心想是誰這麼肆無忌憚的在街上大呼小叫，轉過身去，只見小公園的長板凳上有人正用手機講著電話，仔細一看才發現原來是王大使。他招手要我過去，待他講完電話，我們聊著聊著，大使突然望著遠方說：你看，這風景不正是「碧雲天，黃葉地，秋色連波，波上寒煙翠，山映斜陽天接水……」最後一句「酒入愁腸化作相思淚」大使吟得是字字分明，特別有感情。原來大使是如此的感性！

　　那天與大使短暫偶遇，得知他竟常以泡麵果腹（若非住得太遠，真想去當大使的廚師），而且還不會煮他喜歡吃的、蛋黃未熟的水煮蛋（我教了他，但不知他記住了沒有）。

　　離別在即，想請大使注意營養均衡、保重身體！祝福大使健康平安！

之三（馮蓮菁Christina Fung Scheidegger）

I wish you all the best in your future. Felicidades!

之四（徐淑芳）

王大使說在他出使瑞士之前，就已久仰僑愛合唱團的大名，準備了特別的貢品，一來馬上就拜碼頭。我這不太講究人情事故、又不懂官場作風的書呆子，剛接任團長，就跟他這個鬼才開始打交道。

第一個印象是他很平易近人，省了許多繁文縟節，我也比較不傷腦筋。團慶時他跟我們一起吃團員做的家鄉料理、享用好酒（他家地窖裡很多）、唱歌、玩遊戲（他也可以很搞怪喔）。以前合唱團練唱地點在Gümligen，離他的官邸不遠，有時他心血來潮，拎著台灣特產去探視我們（其實是突擊檢查？）。合唱營集訓時，他也翻山越嶺抽空去給我們加油打氣（難道他是衝著游蕙嘉做的鳳梨酥而去？）。在演唱會後，為了犒賞我們以歌聲做文化外交的貢獻，他還邀請所有團員用餐（可惜找不出理由再懷疑他的實情真意）。

第二個印象是他很博學多聞與風趣，有他在，絕對不會有冷場。除了政治，他還通曉文學、歷史、社會、宗教、心理、美食、功夫、音樂等，並且精通多種語言（可以見人說人話，見鬼說鬼話）。不過，據說他日文和法文講得太溜，當他在日本和比利時留學時，無法博得當地女孩的同情、贏得關愛的眼神，甚為遺憾。來到瑞士後，他開始學德文，但不曾溜過，不知是否因此受到較多瑞士女子的關愛？只記得

有一次他提到，單身的他不敢請管家，因為年紀太大的，相看兩厭，年紀太輕的，他擔心自己會「失去控制」。我腦筋單純、不帶邪念地（是真的，不是裝的）幫他想了一個好主意：何不請個男管家？他馬上敬謝不敏說：「拜託，我不是同志啦」。

五年多的交道打下來，感覺自己變得比較伶牙俐齒，腦筋也比較靈活，至少他體會到我的對話越來越「毒」（沒辦法，要以毒攻毒嘛），比較不像書呆子了（都是他害的）。好在這個個人的改變，對合唱團也略有助益，讓我可輕鬆應付日益擴大的交際網，提昇僑愛的名聲，從local到national。

可惜天下沒有不散的宴席，在王大使回台灣「追尋」[1]「台北的天空」[2]之前，我們懷著「感恩的心」[3]，真誠感謝他對僑愛合唱團的支持與鼓勵，並以我們的「歌聲與微笑」[4]，唱出「台灣是寶島」[5]，祝福他「明天會更好」[6]。

1. 許建吾作詞，劉雪厂作曲
2. 陳克華作詞，陳復明作曲
3. 陳樂融作詞，陳志遠作曲
4. 王　健作詞，谷建芬作曲
5. 顏信星作詞，蕭泰然作曲
6. 羅大佑作詞作曲

目次

歡迎新任大使 —— 王世榕教授

王大使才來瑞士不久，還不到三個月，然而，在各種場合，都可以看到他活躍的身影和明朗的笑聲。八月下旬，在一次僑界的盛大歡迎餐會，大使在Q&A的節目中，豪爽地大口喝酒，痛快地應答問題，他的機智與幽默，令人傾倒。原來王大使同時也是一位「搞」社運出身的「元老級」高手。從大學生以來，就以志工的身份，活躍在國內外的民間團體，譬如YMCA、國際青年商會、國際民間大使協會（總部設在瑞士）、亞洲之友協會等等，都可以看到他的蹤影。

王大使同時也擔任過國內外各基金會董事或執行長等純義務而又需捐款的工作，如國際學舍理事會、台灣亞洲基金會、建弘文教基金會或國家文藝基金會等。王大使基本上可以說是學者出身的外交官。因為他一共以專職或兼職的方式在文化大學教了廿七年的書。所教的課程包括：一般社會學、工業社會學、國際勞工運動、近代社會思潮等課目。迄今共出了五本書，其中兩本倒是「大大地」有名，一本是國內當今研究非政府組織（NGO）的第一本著作 —— 第三部門；另一本則主張以自由市場中自由選擇的理論，提出「一

個中國政府的概念和存在，才是全中國人民的夢魘，而全中國分成七、八個中國或政府，這才是人民的福祉的寄託。」基此，人民若不喜歡A中國，那他可以搬到B、C或D中國去工作或生活。一如當今的央格魯撒克遜人，一生中可以有許多的國家和國籍，可以自由選擇。老實說，如果中國分成好幾個，各各中國不努力為人民服務才怪；不努力，老百姓就要跑光了！再說如果某個中國不幸來個天安門血案或文化大革命，那麼那種人間慘劇也不會一下子擴及整個中國大陸；而也只能限在某個中國國內而已。可見得王大使為人風趣，創意一流，愛心也是一流。

王大使年輕時曾在比利時留學過，因此法語了得，而他也幹過新聞記者。出任新職前，王大使是國內最老牌的英文報紙Taiwan News的總編輯和總主筆，英文有兩下子，那也是意料中之事了。在詢及他語言的問題時，王大使謙虛地說，他這個人「貪得無厭」，他正在著手學德語。當問他為什麼還要在此「高齡」（幹大使的人年齡一定不年輕，這是一定的道理），又學習一種語言，「除了工作較方便外，最主要的是向此地人民表達一點敬意，如此而已」王大使笑嘻嘻地說。

我們相信以王大使的為人、才幹和熱忱，他一定會成為我們瑞士僑界的最佳服務生，台灣和瑞士雙方的最佳橋樑。

　　他的故事可以寫一籮筐，今日暫且打住。我們歡迎王大使來瑞士與大家在一起，來協助我們、帶領我們，還有，服務我們。

（瑞士僑訊編輯部）

（登載於瑞士僑訊第一期／2002年10月）

>>>>>

你是一統教教徒？

　　中國共產黨的統治下，宗教的活動是絕對禁止的；寺廟教堂的修葺最多成了觀光事業的樣板。宗教自由仍然絕對禁止。因此，在「朝廷」主導下就成立天主教愛國教會以對抗「梵諦岡」，而法輪功當然也在「嚴打」之列。事實上，今日的中國是以一統教來取代所有的宗教信仰和活動的。所謂的一統教是指在滿清帝國覆亡後，特別是1949年後建國的共產黨中國，「朝廷」用來攏絡和鼓舞人民的宗教。它的另一名詞就是民族主義或／和愛國主義。它相信只有中國在大一統的情況下，中國才有辦法內鎮冥頑，外抗強權。不意這種思維或主義，正是大帝國意識形態的翻版。可恨的是幾乎所有的知識份子都當作信念，如中邪一般努力推廣。所以「天下合久必分，分久必合」的大帝國循環鐵律，「非我族類，其心必異」的狹隘種族中心思想，乃至「所有的中國人團結在祖國的旗幟下」等等荒謬的口號也隨之出籠。知識份子扮演了宗教祭師的角色，對一統江山和強盛帝國充滿憧憬。其實他們歌頌的是秦王漢武、老毛和「東方不敗」之流的獨裁君主。一般老百姓當然也就只有瞎起鬨了。

　　滿清帝國之後，這近百年來是一連串的軍閥爭戰，外憂內患，加上五十年來中國共產黨的倒行逆施。可憐的中國，何嘗有機會步上個人的心靈解放和政制朝自由民主的大道邁進。今日廣大人民口中的祖國，正是一統教今日的代名詞。今日「胡江」必須一黨專政，不敢放心讓帝國境內的人民當家做主，一定要境外的台灣「回歸」正是這個道理。因為一放手，帝國內的其他非漢族鐵定獨立，而漢族說不定起而效尤。天可憐見，漢族只是一個統稱，隨著語言、地域等不同大可分為好幾個漢族。如今披著裙帶資本主義的外衣，共產黨搖身一變有如歷代帝國的貴族「由一家一姓換成一黨」統治，虛假的經濟發展表象下，是問題叢生、人心浮動，一如往日帝國的景象。上焉者貪污腐敗，下焉者弱肉強食，人人乘桴浮於海。以上的分析，難道不是實情？「祖國」、「祖國」、「帝國」、「帝國」，捫心自問，你是否一統教的教徒？天下合久必分，也該到了分的時候了吧！這是歷史的鐵律。

註：本文作者著有《和平七雄論》，正在逐字上網中「請參看http://mypage.bluewin.ch/bcs」。作者愷切分析中華帝國，認為唯一解脫之道，就是將偌大的中國和平地還給人民，讓人民在他腳踏的土地上當家做主。只要人民同意和幸福，建立七個中國又何妨？

（登載於瑞士僑訊第二期／2003年4月）

>>>>> 我台灣來的，我是台灣人

剛來瑞士時，有一次在伯恩車站打電話，不小心聲音大了些，被旁邊兩位穿著體面，看來像是中國人的人士親切地打招呼。「喂！打哪兒來的，中國人吧？」，一口京片子！來而不往非禮也，我也就趕快笑臉用國語回答：「我不是中國人，不敢高攀！」。對方整個人愣住了，也難怪對方，我明明說的一口京片子，不管是不是從中國來的，也必定是海外的中國人，看他們一臉的困惑，我就接了一句：「我從台灣來的，我是台灣人。」對方更加迷惑地說：「台灣人也是吃米長大，同文同種，怎麼說不是中國人，什麼不敢高攀。」我接著說：「我又沒拿中華人民共和國的護照，不交稅，不納糧，我怎麼會是中國人？」另一位也發話了，「可是你明明是中國人，你說中國話。」我看他倆顯然是從北京來的權貴或高幹，一付忠黨愛國的表情及思想，我又回了話：「從生物學上來說有百分之八十五的可能，我具有所謂中國的血統，可是血統並不代表我就是中國人啊！何況，文化不同，生活方法不同，思想不同，政治更是不同，怎麼能混為一談。瑞士、奧地利都說德語，能說他們是德國人嗎？」對方

明顯發怒了，他大聲地說：「你不承認你是中國人？」我心想他倆像是義和團份子，比民族成份，比革命感情，而不是比腦袋瓜子和講道理，我還是打住為妙。

我接著說：「如果你說我是華人，我不反對，就像瑞士人被稱為日耳曼民族一樣，或英美人是央格魯撒克遜人一般，這都是描述事實。我承認是華人，但不是中國人，名詞不同，確實關係重要，不得不辯。中國每天明的暗的就是要置台灣於死地，在各個國際組織中，一定要封殺台灣的生存空間。我何德何能，敢去做人見人畏的中國人？甚至於被欺侮到喪失理智，向凌辱者投靠。所以，對不起！不敢高攀做中國人。」說完我就走了。

以上是個人的一次親身經歷，道出了以下令人困惑的現象：

1. 現今的專制中國，玩弄文字遊戲。中國人應指從中國來的，手持中華人民共和國護照的人士。其他人士應頂多稱為華人、台灣人或新加坡華人；如被稱為中國人，這簡直是鬧笑話，因為他們不是從中國大陸來的，也不受中國政府管轄。「Chinese」一詞有兩種指涉，必須弄清楚。

2. 世界華人在各地相遇，鮮有互相親切打招呼的。這種令人訝異和心痛的原因就在於中國北京的共產帝國作祟。五十年的共產統治，流亡海外的華人怕不有千萬，對中國自然持敬鬼神而遠之的態度。中南半島的華人，被中

國直接和間接地害得多慘？台灣人被中國人欺凌得多厲害？是誰使華人世界無法祥和相處？共產中國何德何能，敢對海外的華人自稱「祖國」？

期望連理會諸君諸娘子，念在台灣的養育之恩，瑞士的接納之情，多多替兩方的社會增進互動和瞭解；重要的是本身知識才情之不斷提升，心胸不斷擴大才是正辦。我們的老家是台灣；新家是瑞士。行有餘力，我們希望致力於全球華人社會的和諧以及全球一家之實現。這只有一個可能，那就是中國早日步上自由民主的體制，為人民的幸福著想，早日放權讓人民當家作主，甚至成立幾個國家也不妨，讓中國老百姓有更多選擇華人國家和社會，過得更幸福，活得更有尊嚴。因此只要專制的共產中國一日存在，其他各地的華人，就不敢對中國來的華人弟兄過份熱絡。悽慘！

（2003年針對瑞士台灣連理會發表專文）

談談社團交流

在一個人人享有言論、思想、信仰和結社自由的社會，人民當然可以自由地組成各式各樣的大小團體即社團（社會學上所通稱的第二團體Secondary Group，以有別於第一團體Primary Group，如家庭或依長久情感交流所建立起來的兒時玩伴「死黨」）。因為只有在社團蓬勃發展之下，個人才有更多的機會追求個人的興趣和成長，同時免受單一的，龐大而無所不在的政權機關（政府）片面的控制。

我們看看瑞士、台灣或其他歐洲各民主自由社會裡，五花八門的社團林立，就可以知道民主和社團之間的密切關係了。可惜的是中國社會過去除了鄉紳或政府主導的救濟或教化團體外，人民依自願組成的社團，幾千年來，並不存在。不幸的是在一黨專制的共產貴族階級統治下，合法的、公開的社團在今日的中國也不存在。有的只是一些地下、臨時性的「非法」組織或團體。

個人因此冀望在此地由華人組成的社團，除了努力推動社務以外，珍惜此一難得的機會也應互相交流一番。特別是將瑞士社會裡尊重他人的民主傳統好好深耕在我們的社團裡。

我們不僅在華人社團裡進行交流，也更應該多與瑞士的社團交流。因為到底這些華人社團都是在瑞士成立，受到瑞士法律的保護的。華人社團不是用來搞華人小圈圈，拿來搞統戰的。尤其是當今的中國，仍然是一個不自由、不民主的社會，華人的社團（特別是主力由中國人組成的中國人社團）如果不能將社團的民主和自由的精神發揚光大，去間接的影響中國的民主化和現代化，就太可惜了；如果進一步只抱著狹隘的大漢沙文主義，搞起統戰的工作，那就令人感到遺憾。近年來，特別是有一些在美國的華人社團，竟然紛紛向中國的極權政權靠攏和背書。這些社團自己躲在自由民主的國度，卻向遠方的反社團的政府表示支持，可說已達到「精神錯亂」和「為虎作倀」的地步，真令人不齒！

　　謹以以上一點個人的小見解提供給一些華人社團參考。謹此祝福「僑愛」的交流成功。

（登載於瑞士僑訊第四期／2004年5月）

人格教育在海外華人教學中之特殊意義

一、前言

在海外華人地區^{（註1）}從事華語教育，個人認為，教師們不僅僅傳授華文文字而已，中華文化之傳遞，其中之優劣點，當然也一併傳授。尤其其中之缺點，特別是與現代文化中格格不入，甚至「反其道而行」的一些價值觀念，更是要有所警覺，從而在反省中，在教學中，避免「重蹈覆轍」。期望老師在華語教學中，能讓學子不僅對中華文字和文化有所認識，更進一步「去蕪存菁」，將學子教養成適應，甚至超越現代文明的現代華人。「現代華人」正是海外華語教學的終極目標，而人格教育之教學，不可諱言，在教學中定會起關鍵性的作用。

二、致命的文化盲點

　　平心靜氣，我們就簡單地以海外的生活經驗，檢視一下日常生活中的一些盲點或缺點。而這些盲點往往正是與現代文化（或西方文化）背道而馳的。

1. 首先討論「誠實」問題。誠實此一德目，在華人的教育和生活中，誠然是一個最大的問題。華人，特別是中國人只嘴巴講誠實。依個人看來，主要問題出自於華人文化講究和諧，人與人要和諧，人與社會要和諧，人與天（自然）也要講究和諧，如天人合一、重視風水。如此一來，逢人只說三分話，就成了人與人和諧的圭臬，因為講真話，可能會導致對方不悅，產生摩擦。隨著生活經驗的增加，有些「華人」越變越聰明，乾脆進一步不說真話。幾千年下來，不知「誠實為何物」。在中華數千年的歷史中，講真話的學者，寥寥無幾。客觀的學術研究，臣服於專制政治的淫威之下。在日常的生活體驗中，我們往往看到華人的制式反應是，你如果指出一些具體問題的存在或與對方發生口角，其反應不外是來個「先聲奪人」反咬一口，不然，採取「防禦行為」（defensive behaviour），力陳錯不在彼，而在他人或其他「不可抗拒」的因素。在台灣的教育也一向如此，在課堂上教育孩童「誠實第一」，但孩童說真話，卻沒

有獎勵；在課堂外，則教育孩童對人不可說真話，尤其
對陌生人。

2. 既然誠實無利於在社會中討生活，中國幾千年來又都是
大帝國起起落落，爭戰不休，而且過的是人治而非法治
的生活，於是乎，就由不過誠實的生活，進入過自私自
利的生活。「華人」之自私，不尊重團體，在團體中不
服從他人的領導，公德心之低落，沒法治素養等等，這
已是眾所皆知的常識。

3. 由以上兩個論點引申出來的第三個缺點就是，華人是一
個不講禮貌的民族，特別是生活在中國的華人即「中國
人」。所謂禮貌只存在於家族和熟人之間，對於不相干
的陌生人，華人是不講究禮貌、相當粗魯的。因為陌生
人對於他在「家族」、「朋友」關係網絡中的地位與和
諧，不會帶來直接和間接的好處。中華文化的人際關
係，是從「父子軸」為基點，由近而遠、由親而疏，向
外擴散出去。因此「非我族類，其心必異」；自己才是
安身立命的重心和中心，就如此成了華人的性格特點。
基督教的人生而平等，法蘭西大革命的理想，「人人政
治上平等」，中華文化是沒有的。儘管佛家主張「眾生
平等」，道家主張「齊物論」，在幾千年的實踐中，中
國大陸的中國人硬是還在儒家的五倫中打轉。平等的概
念，一直不曾開花結果。沒有平等觀，當然民主政治，

也就不用提了。政治上人人一票，票票等值，在今日的中國人，部分的海外華人觀念中，仍然看不到蹤影。

4. 既然人生在世，是處在一個「差別格局」的關係網絡中，因此個人之強出頭是無用的，遂成為華人性格裡的一大特色。唯一幾句像樣的話，大概就是江洋大盜臨刑時所說的吧：「好漢做事，好漢當」，「二十年後又是一條好漢」！不過這些話是不是有著以下的意涵，「死也要死得漂亮一點」，或者「老子是替天行道，藐視你這個現存的制度」？真相如何，就搞不清楚了。

當然以上的論斷，不能一竿子打翻一船人，幾千年歷史中，好歹也有少數的人，死得轟轟烈烈。現在抄一段文章，看看「中國人」如何在不負責任的個性上，又使出「尋找替罪羔羊」的防禦行為。

「洗刷國恥」，是中國思考香港回歸的標準觀點。兩岸文化一家，包括在台灣的，部分台灣人和媒體及許多海外人士也帶著同樣的情懷。列強欺凌、悲傷的中國近代史、國恥三者，在「國人」的心目中深深結合。其實這段悲傷歷史觀，無法圓滿答覆歷史不同的切入點。譬如太平天國內戰，死難人數超過兩千萬。以兩千萬計，已經遠超出英法聯軍、八國聯軍、在中國境內引進的日俄戰爭，以及日本侵略中國直接、間接造成中國人死亡的總和。至於二十世紀的軍閥內

戰、國共分裂、清黨剿共、國共內戰、三面紅旗、反右、文革所帶來估計至少四千六百萬的死難，規模還遠超過太平天國內戰。

沒有鴉片戰爭，沒有西潮東漸，沒有西方文明挑戰，中國就不會有悲傷的現代史？大概沒這麼樂觀。事實上，從最早的史料（詩經）所記述，以迄1840年，中國歷史的悲傷始終多於安定。內戰，是塑成民族苦難形象一大因素。根據梁啟超及其他史家統計，自西元221年中國統一，至1949年大規模內戰累計九百一十六年。平均每一年裡面有五個月的時間，中國人殘殺中國人（尚不包括因內鬥而引來外侮災難）。直到今天，自相殘殺的危機仍存在於海峽兩岸和大陸內部[註2]。

由於不懂反省，一味怪別人，總想要白吃午餐，又一心盼望「五百年不世出」的聖王來解救，一心盼望國富兵強，再造中華大帝國，在這種心理的憧憬下，共產中國竟然讚美起義和團悲壯的愚行。請看當年一則新聞報導：「今年是義和團事件一百週年」，中共機關報《人民日報》海外版昨天刊登署名文章，高度讚揚歷史上廣受爭議的義和團運動，是一場反帝愛國運動，得到世界各國進步人士同情，有力地揭露帝國主義列強及其庇護下的傳教士「侵略罪行」[註3]。如此地讚揚義和團，我們的解釋是今日共產中國就是當年義和團的再生，今生今世的義和團。看來，天罰近了。

　　以上的四大人格特質中，不幸再接再厲地又延伸出三大工具性的價值系統來，中國人的性格從此墮入「反現代化」人格系統中。

　　其一是做人沒科學精神，做事不依科學方法。既然「和為貴」，真相只帶來難堪，最好的方法就是「和稀泥」、「馬馬虎虎，得過且過」。當然，最簡潔的就是聽從「民族救星」、「偉大舵手」的指示。挖掘真相、自己動手找不同資料、多聽聽不同意見，然後再下斷語的這種科學態度，自古從缺，於今更甚。

　　這種缺乏自立獨立的性格和行為，與西方人士比較，可說是華人為人處世的特徵。不寧惟是，不僅無視證據的存在，主觀上還一口咬定「真相就是如此」。這已超出普通常識判斷而進入乩童的囈語了。中華歷史上雖然沒因信仰不同而發生大規模的宗教戰爭，但這種堅信囈語作風的確令人絕倒。其次在不負責任、憧憬美好未來的前提下，「美好世界」不是由個人雙手創造，而是存在於古往，虛無飄渺的古代（三皇五帝）。如此，一方面不滿足現狀，二方面又期待聖王出來領導。不幸，叛亂者個個又自認是聖王，要重新來過，還要撥亂反正，全盤改造。於是乎，中華歷史上充斥著叛亂、割地為王、重建大帝國的惡性循環。這種往後看而不向前看的哲學可稱一絕。

　　再其次就是崇尚力的哲學。中國幾千年的歷史，說穿了就是「槍桿子出政權」的歷史。誰有實力，誰來統治。「雞

犬升天」，那是一定的道理，誰叫你關係不夠，不是權貴階級的一員？在此一人治的統治下，當然生活如在叢林之中，強凌弱、眾暴寡，乃自然現象。人與人之間起了衝突，或者解決紛爭的方法，不是如現代人所採取的談判和調解（Mediation）制度，由當事人雙方，和平地、理性地、各讓一步地自然解決；而必得動用關係，央大老出面，或者乾脆以武力解決。這種行為方式不折不扣是動物生存法則。力足以勝對方就力取，不能就閃人。這就是通稱的「fight and flight formula」，幾千年來，一點也沒長進。

　　現在引用中國異議份子劉曉波先生的一段話[註4]：「哪些已經享受過並且永遠不會放棄享受現代文明的文化，能夠激起觀光客的好奇心、神秘感。他們讚美中國文化是出於自身好奇心的滿足。如果這些觀光客自己享受之後，便不再議論大是大非，也沒有什麼不好。關鍵在於，有些觀光客在自我享受過後，把這種享受提升為人性的文化選擇，其荒謬性就太過份了。而且，他們只觀光，而絕不會留下來。這樣，他們就更沒有理由告訴中國人『你們的文化是第一流的，是人類的未來』這種由觀光客到救世主的轉化，不只是荒謬，而且是殘酷。作為一個中國人，我太清楚中國成為廿一世紀的希望，在一個已經分配得井井有條的世界中，在能源如此匱乏的地球上，十幾億人口的中國怎麼能成為廿一世紀的希望，即使中國的自我改造在短期內獲得成功，中國也無法達

至美國和日本的經濟水準，地球已經承擔不起再出現一個超級國的重負了。因而，我不企望藉助於任何民族的繁榮來提昇自己，也不會把希望寄託在任何一個群體之中，更不指望社會的進步能夠解決我的前途：『只能靠自己，靠個體的奮鬥去與這個世界抗衡。』」

三、植入與啓發

以上個人只列出華人性格中反現代化的項目。當然，本短文不能列舉所有的缺點。再者，缺點，從另一方面來說，也可能會變成還不錯的優點。譬如站在統治者的立場，華人實在太好治理了！讓他們吃飽，「自由地」追求財富，無事擺龍門陣，就天下太平。華人不會要求參與公共事務，華人也不在乎人治或法治，只要自己「活」得「好」，子孝孫賢，也就心滿意足了。

正是自私、自掃門前雪、白吃午餐的心理，華人在現代的世界中永遠起不了領導作用。以「軍力做後盾」的力的美學，或許可以讓其他國家俯首稱臣，但在文化上、制度上，要提供一個美夢或遠景（Vision），亦如同劉曉波先生所說的，再等個一百年吧！

也因此，在海外的華語教學中，就必要以民主的人格教育來植入或教育學員，並要求學員在課堂上多多參與實際的演

練和辯論；在課堂外，多多參與當地社區的活動和華人本身社團的活動，從實際團體生活中，逐漸培養出現代化的民主性格，讓當地人民和社區以我們華人為傲。至於如何進行等細節，就有賴華語教師的特別規劃和以身作則，以及華語學員家長們的自覺了。

四、結論

大清帝國滅亡後，中國人一直在打倒和力抗三大因素中掙扎，好讓中華帝國浴火重生。這三大因素指的是列強所代表的帝國主義、五千年腐化的專制統治以及相隨的封建文化。弔詭的是，這三大因素在所謂的世上三大華人組成的國家中仍陰魂不散，有的甚至變本加厲。如果(a)代表帝國主義(b)代表專制統治(c)代表封建文化，那麼這世上三大華人為主的國家以圖示如下：

	(a)	(b)	(c)
中　國	A （特別針對台灣）	B	C （新共產權貴階級興起）
台　灣	a	b	c
新加坡	a		c

註：大寫A，B，C指強化；去括弧的a，b，c指弱化；空白指此一因素起不了作用。

海外華人的民主人格教育^(註5)的意義在於：在「異域」下率先培植起「現代華人」此一概念和實體。它的特殊意義即是：挾海外華人身兼二大文化（指當地和中華文化）和民主實踐的特性，進而影響和促進三大華人社會。首先鼓勵台灣朝民主鞏固大力邁進；其次刺激新加坡走上實際民主；最後協助中國建立民主社會和揚棄帝國主義。

註1： 一般通說英文的Chinese一詞在中文有兩個指涉。一指中國人，是有中華人民共和國護照的Chinese。另外指的是除中國人以外，在台灣和海外不管是否領有中華民國護照，美國護照，××護照……，只要是華裔的人士，均是華人，通常英文以ethnic Chinese稱呼。由於本人談的是文化問題，因此中國人或華人區別不大。

註2： 出自〈洗刷國恥？中國近代史觀的盲點〉一文，李涵宇著。刊載於中國時報，民國86年6月30日，第11頁。

註3： 刊載於2000年10月7日聯合報第13頁。標題為〈人民日報讚揚義和團反帝愛國〉。

註4： 出自〈中國文化還有希望嗎？〉刊載於民國78年6月24日，中時晚報第5頁。

註5： 民主與科學仍是華人融入現代社會的不二法門。因此民主的人格教育在原則上遂成為華人人格教育的指導方針。至於民主的定義，相信大家已有答案，就不再贅言了。

兩本值得一讀的參考書：

1.《中國人，你受了什麼詛咒！》柏楊編著，1990年，台灣，林白出版社。

2.《中國民族性》（上下兩冊）沙連香著，1999年，香港，三聯書店。

（2004年於瑞士Hitkirch舉辦之瑞士教師研習會中演講）

探討一下流行僑界的幾點迷思(Myth)

　　目前在僑界，正悄悄地吹起一股「祖國風」，號召僑民，回歸祖國，共同為璀璨的祖國加一把勁。顯然的，此一祖國，正是由北京中國所代表的祖國。而此一訊息也肯定是由北京中國所釋放出來的。一甲子以來，孫中山先生到海外來，要求僑胞出錢出力，共同打倒當時由滿族建立的大清皇朝，也就是通稱的末代的中華帝國，以及建立起民主共和。群策群力之下，僑胞不負重望終於在1912年建立起中華民國。可惜之後軍閥互爭雄長而中國蘇維埃也悍然在井崗山武裝叛亂，鬧獨立。與同一年代的神聖羅馬帝國和奧圖曼帝國之分崩離析所不同的是，中華帝國除了之後蒙古獨立外，當時大體上帝國並沒有分成大小數個國家（請記住，當時的台灣屬大日本帝國，一直到戰後1945年才由中華民國代盟軍來台受降和治理）。此次中國（共產中國）打出的祖國口號，與一甲子前的顯然不同。目的何在？是再創共和，打倒共產一黨專政？還是投資中國，使中國在2050年成世上第一強國，揚眉吐氣？亦或藉以拑制和消滅台灣，取得判亂勝利的最終合法地位？

看來第一點不可能，中國共產黨是死也不走資產階級的議會民主政治的，他不會笨得拿石頭砸自己的腳；第二點，投資是只認錢不認人的：非洲人的錢，美國人的錢和華裔人士的錢一樣好用，與祖籍無關，與血統無關。因此也不太可能成立。看來中國在海外大談祖國，旨在孤立台灣，強調其政權的正當性了。

其實，正當性與否，無需以祖國這一符號強化，要緊的是祖國這一概念會起些什麼作用，人民是否同意此一名詞。因此，我們進一步發問，祖國到底指的是什麼？我們迄今仍搞不清楚。

如果指的是中國神州的好山好水，然而，在環境大污染下，中國早已不是半世紀前的中國了；如果指的是中華文化，人情溫暖。那就更令人訝異了。中國人歷代相傳的好客、厚道、助人、善良在文革之後，在開放以後早已消失無蹤，有的只是共黨幹部的權貴化成為新階級和人心敗壞，肉慾橫流的人吃人的世界了。祖國云云，看來是指共產政權本身。

問題來了，說德語的奧德瑞三國其海外德裔商人士，可承認奧國為其祖國？說英文的世上幾個國家，可承認英國為其祖國？在一個多元的國際社會裡，祖國的概念是多餘的。人類一家才是祖國；濟弱扶傾才是今後我們要追求的情境。我們更要進一步追問，自命祖國，但可曾提出祖國未來的願景？中國會像十七八世紀大英帝國一樣，除了祖國此一名詞

外，也多加民主、科學和進步，帶領華裔人士和全人類勇往邁進？或如今天的美國，不屑談祖國但她至少抬出民主，希望民主落實於全人類社會。共產中國，將以什麼理想來自我苦壯，來號召海外華人和帶領世人？祖國，太種族主義了。更可笑的是，以祖國做幌子，骨子裡一味地打台灣，祖國成了暴力統一的工具，怎麼還能發揚號召力呢？祖國根本是政治術語，目的在統戰海外華裔人士的。祖國不等於中國，祖國不等於北京的一黨專政，祖國此一名詞是多餘的，封建的，民族主義的。祖國是用來統戰的。

1918年，看到國內軍閥仍然混戰不休，貪官污吏橫行，胡適在〈你莫忘記〉一文中寫道：「我的兒，我20年教你愛國，這國如何愛得。……你老子臨死時，只指望快快亡國，亡給哥薩克，亡給普魯士都可以。」

這種錐心瀝血的苦訴，今日看來，仍然心有戚戚。海外的華人，大多已在海外安居樂業，身為××國人，關心中國，關心台灣，人情之常。但如果進一步關心共產祖國，進而不自覺成為統戰工具，那就「走火入魔」了。海外華人，如果還有點鄉愁和鄉情，那就應該督促各自心目中的華人國家，中國也罷，台灣也罷，努力推動政治民主化，教育科學化，經濟公平化。祖國兩字，不用也罷，這根本與專制中國劃上等號。

第二點迷思就是海外華人動不動就喊「兩岸不要再惡鬥了，中國人要團結！」我能否請教「不再惡鬥」，這是實情

嗎？十餘年來，台灣悟得「解放台灣」也罷，「反攻大陸，
解救同胞」也罷，都是繼續在玩著「中國統一」的帝國遊
戲，雙方敵對的結果是除了有限資源大量錯置外，最重要的
是國內建設大受影響，從而兩地無法正常成長和往來。台
灣方面，主動單方面宣佈停止勘亂（中止內戰），開放老兵
返鄉等一連串友好活動於焉展開。這是1990年李前總統開
啟的中止戰時勘亂，埋首民主建設的大業，然而換來的卻是
「堅持內戰尚未結束，台灣必須俯首稱臣，接受一國兩制式
招安」的老套策略，飛彈的威脅，以及全面的國際外交的封
殺。所以，要惡鬥的是中國，因為他以為已站上風，為一統
大業，必須內戰持續下去，好對中華民國趕盡殺絕。所以，
台灣並不想惡鬥，要打倒共匪；台灣要的是雙方埋首建設，
雙方友善往來，雙方相互合作，不談解放也不談反攻。相信
只有在雙方承認和尊重對方為實體下，才有打開在平等、尊
重和互惠原則下的對話大門。

　　可惜的是海外華人或一些自詡進步人士，卻說成台灣中國
不要互鬥，不寧惟是，附合中國領導人將台灣的深化民主措
施，解讀為台獨。（台獨是什麼？只要台灣不受中國一黨專
治的統治，台灣不是另外一個政權嗎？台獨會妨礙兩岸的和
平嗎？台獨會使得華人多一層的就業選擇地嗎？台獨會促進
統一嗎？以上問題，將另文報導。）

　　所以要惡鬥的是單方的中國而不是雙方。朱前總理於2000年台灣總統大選的「青面獠牙式的警告」，日懸台灣人頭上的近六百顆飛彈，不讓台灣以觀察員身份加入世界衛生組織（WHO）等等，這已不僅是要置台灣於死地，而且還把台灣人民不當人看待（如拒絕台灣加入WHO，SARS防疫上倒打一鎗……）。「中國人」是同胞？中國當局是人「嗎」？

　　中國對台灣的行徑，惡毒又奇怪，根本不是正常人的作法。在這種情況下，海外華人跟著起鬨，中國人要團結，團結才能強大，才不會受到列強欺侮。請問，怎麼團結？台灣還沒被統一，中國就如此「兇神惡煞」，一旦「一國兩制」，台灣的人民還有一點尊嚴和小命嗎？最後我們請教，中國到底以什麼來團結海外的華人？

　　中國的文化？算了，中國共產黨是反中華文化的，文化是拿來當作商品用的；那麼以中國語文或漢族血統當團結的理想或工具？算了吧！少開倒車。

　　如果中國拿的是當今普世價值中的人權、自由與民主法治，當作團結目標，那麼，團結至少還有可能。團結於人權、自由民主與法治，這和國民黨政府當年的兩岸統一於三民主義（自由、民主、法治）就有結合點了。因此，海外華人的迷思是盲從中國的統戰口號：「中國人要團結」，從而成為專治中國的幫凶。個人以為他們應該要求中國快步自由民主化，如此兩岸（或中台兩國）才有團結的可能，也才

有合作的可能，甚至統一的可能。不然，一個民主的台灣被「團結」在專治的中國之下，抱這種主張的人，還有人性嗎？中國不步上民主大道，怎麼團結？

海外華人心地善良，又久沐浴於民主體制，加上望鄉思鄉的情結，總希望兩岸早日握手言和，攜手合作，並主觀天真地認定一旦雙分攜手合作，「中國」一定強。在這種情形和推論下，很多人不知不覺對一些名詞，生吞活剝。須知沒有先做一點點功課，人云亦云，害人害己。將尚在民主學習中的台灣推入共黨一黨專政的封建帝國，何其忍心。

以上先提出兩點觀察，野人獻曝，敬請海外耆宿前輩和年輕朋友指教。

（登載於瑞士僑訊第五期／2004年9月）

海外幾點迷思之探討

　　前期不揣鄙陋，提出了兩點海外華人不假思索，跟著別人高喊的迷思。一個是「祖國」乃是我們的母親，需要我們華人一致的愛護和擁戴；我的文章指出，祖國正是中華人民共和國以「天下無不是的父母」的大前題，要大家無條件的愛護祖國——母親，當然，言下之意，全力擁戴目前由共產黨一黨專政的政權；其次我也分析了「中國要團結，兩岸不要互鬥」此一口號的虛偽。誰要互鬥，要互鬥，台灣早就不會片面地修改憲法，或會一直推動「反攻大陸，拯救大陸同胞」了；相反地台灣承認二戰後叛亂成功的共產政權；不寧惟是，台商大舉西進，打破雙方五十年來的隔閡，獲致經貿上互蒙其利的成果。

　　本期，個人繼續討論以下兩點海外華人常掛在口邊的迷思。

一、和平統一

　　我有兩點看法：到底是以和平為目的，統一為手段，或者是統一為目的，和平不過是手段，武力才是達成和平的最

後手段？如果我們觀察日懸台灣頭上的六百顆飛彈，加上中國領導班子、軍頭對台灣的恫嚇，全面封殺台灣加入各種國際組織，連世界衛生組織觀察員的身份也要禁絕（觀察員身份與「一個中國原則」並無牴觸），這簡直已不把台灣人民當人看待了。我們的結論是：「和平統一」的口號是騙人的。如果和平真的是中國堅持的目標，那麼統一的方式就絕對不能使用暴力。甚至經由台灣獨立成一個國家的方式或中華帝國一分為七個獨立國家的方式……，都應當不致妨礙和平的堅持與追求。換句話說，如果堅持以和平方式達成統一的話，那麼，協助台灣，友好台灣，甚至支持今日獨立的台灣也不會妨礙明日中台的統一。統一與獨立在時序上是不相互排斥的。數個獨立和不同民族的國家，可以統一成一個包含不同民族的國家；而一個獨立國也可以分成數個獨立的國家。**只要經由和平方式和要求獨立的那一地區的人民的同意，就可以了。看看今日英國對待蘇格蘭地區和威爾斯地區，就可以明白大半。蘇格蘭地區獨立的公民投票，只要過了，有何不可讓蘇格蘭獨立。獨立有著條件，更是負責，自立的代名詞，當地蘇格蘭人民要獨立，為什麼要阻止呢？英國的成熟的民主的作風，令人讚嘆。中台事實上已相互分離一百多年，如今北京提不出非要統一不可的理由，不去重建雙方真誠的合作，真是奇怪至極！**

二、「中國人站起來了」

老毛在內戰成功，建立新的中國時，不禁得意忘形地在天安門喊出「中國人站起來了」。

到底是什麼意思呢？八年抗戰加上四年的內戰，中國當時已到了一窮二白的地步，老百姓餓著肚皮還站得起來嗎？或者老毛指的是終於把老蔣鬥垮了，不過他主要靠的是老大哥的協助，有什麼好神氣的。老毛還不是與老毛子馬上簽訂賣身投靠的友好條約，一邊倒向蘇共？其出賣中國的程度，絕對不下於袁大頭的對日廿一條約所出讓的權益。現在中國，又靠著出賣和污染大好江山，全力開放中國的土地和資產給予世界各國，成為世界各列強和各跨國公司的次殖民地了；不寧惟是，百分之七十以上省級幹部參與貪污和出賣國家權益而自肥，這樣算中國人站起來了嗎？人人變成「二毛子」，腰身直得起來？

一批批共幹，一批批權貴子弟在海外遊學、旅遊，這就算站起來了？君不見，同一時刻和地點，中國的黑工、女性同胞、偷渡者在海外擺地攤⋯⋯中國的黑道追到海外壓榨自己同胞⋯⋯慘不忍睹。

中國人民如果要站起來，領導班子至少先得給中國人機會的平等，自由地表達意見；一人一票選出他們的領導人；還有還要至少百年的和平環境和全民上下一心的努力。不如

此，翻兩翻，過小康的依然是共產權貴家庭的子弟。環顧四鄰，緬懷近代世界歷史，說穿了，今日中國，仍然是一個專制和封建的大帝國。突厥帝國在一戰後分成十餘個國家，奧匈帝國在戰後也分裂。至於希特勒第三帝國、法蘭西、日本和大英帝國，也都在二戰後紛紛分崩離析。搞帝王（現在叫一黨統治）愚民統治的中華大帝國何時崩潰呢？希望海外華人在全力融入當地社區，做一個堂堂正正的人士，保存一點華人的尊嚴；此外，行有餘力，多協助中國地區生活的同胞也做個堂堂正正的人，鼓勵中國地區的人民建立起自由民主的國家，一個也罷，數個也行。只要人民生活得好，活得有尊嚴，這不是生為華人（不管在中國，在台灣，在海外）所應當追求的起碼的人生目標嗎？

　　以上一點個人的看法，敬請指教。

（登載於瑞士僑訊第六期／2004年12月）

>>>>>
一個銅板總有兩面的

　　歐洲，此刻又再度迷上中國。迷上中國市場的無限魅力和機會，迷上中國的文化、藝術，甚至迷上古老中國帝國所代表的秩序、和平和繁榮。不幸，筆者面對今日中國邁向軍事擴張，竟因此轉而同情起來。法德兩國首先力倡對中國開放武器禁運。席哈克和施洛德著眼於中國一年可有一百五十億美金的軍火市場。至於中國用歐洲人的軍火，到底是用來鎮壓內部的動亂或對外的窮兵黷武，他們就不管。好一對令人髮指的政治領袖！歐洲這樣一股腦地迷戀中國，不幸是主觀的中國，想像中的中國，這在歐洲歷史上並非沒有發生過。

　　十七、十八世紀，當時理性時代的大哲們如孟德斯鳩、盧梭等人和一些旅行家文學家的倡導，中國成了人間樂土。有最好的國王，有最好的教育制度，有最好、最知書達禮的人士；這是第一次對中國的迷戀。時值清初盛世，對照當時脫胎換骨的歐洲，滿清帝國的典章文物，矇矓中，美滿極了。中國發揮了「鏡子」的作用。當時的歐洲思想家文學家其實是以中國為鏡，拿來與歐洲做對比，希望藉中國此一「良鏡」來改良歐洲。我們現在知道，乾嘉盛世，被歐洲人過度

美化了。等到十九世紀，歐洲人真正和中國人（滿清帝國子
民）接觸，中國人的原型（Stereotype）馬上由理想的變成
可憎可鄙的。我們在戰前戰後的電影和讀物上，看到充斥著
此一模型的人物。中國人代表的是，不與人爭，永遠點頭微
笑，骨子裡卻是陰險猥穢和野蠻。

六十年代，左派勢力在世界各地（特別是在歐洲）高漲，
筆者就是在那個年代來歐洲留學，剛好碰上歐洲史上第二度
迷戀上中國，不過這次的中國卻是毛澤東的共產王朝。歐洲
的知識份子幾乎人人倒向中國，深深地迷上文化大革命，把
毛澤東的奪權視為真正的文化和心靈革命。歐洲人人認為，
歐洲史上，不，人類史上，有哪一個時期親自砸爛現有的和
舊有的價值系統，並大膽地在其灰燼上建立起新的理想價值
系統？這種對破四舊立四新的英雄式、浪漫式的崇拜，事後
證明了歐洲人對中國歷史和文化的無知；另一方面證明了歐
洲近代所倡導的人本主義、民主主義和科學訓練，根本不堪
一擊！

二十世紀末，覺醒不到四十年，歐洲人開始第三度迷上
中國。不過這次比起第二次的迷戀，「理智」多了。這次愛
上的是中國的市場，完全是赤裸裸的利益，金錢的利益。如
果此次也驚豔中國文化的豐富，那只是附帶的，可以說是行
銷的廣告手法而已。第一次的迷戀，可說是對中國文化和中
國人善意的不了解，和以中國為鏡的作用下，知識份子炒作

起來的迷戀。第二次，則是由左派帶頭的無知與帶著天真的迷戀；不過比起今日第三次迷戀，前兩次可純真多了，可用青年人純純的愛做代表。而第三次的迷戀，則可說是中年人上風月場所的留連忘返了；完全是自私的、精打細算的金錢交易，做人的起碼道德和商人起碼的誠信原則，完全顧不得了。尤有甚者，更是愧對良心，幹出天人共憤的勾當，還加以美化！譬如，明知當年向中國禁運武器的理由仍然存在（中國天安門事件後人權問題迄未改善），歐洲的政府卻想立刻開禁；人人皆知健康無國界，但歐盟卻採取一中原則，硬生生將台灣二千三百萬人的健康排除於國際健康資訊網之外；不僅如此，有些歐洲國家還振振有詞地認為，台灣二千三百萬人的健康，中國當然會妥善照顧。（註：在WHO的排名，一百四十四個國家中，台灣排名前三十名左右，中國卻是吊車尾。要中國在健康醫療方面照顧台灣，這豈不是要嬰兒照顧老年人，搞錯對象？）

　　筆者認為，今日歐洲人的迷戀，乃是歐洲喪失道德和正義後的假迷戀。不僅如此，歐洲還成為大騙子。如今這個大騙子還自欺欺人，大肆擴張勢力想進一步由道德淪喪的大騙子進一步廣收會員，走上帝國的締造。看來，人類的第二十一世紀，前途堪慮。

　　現在的中國真的令人迷戀？真的如歐洲人所說的，中國將在2030年成為第一大經濟國和軍事國，超英超美，成為世

界第一強權？以下僅列出幾點歐洲政客常掛在嘴上的中國利基，再加上筆者隨手收集的資料，對比之下，看看應該如何下真正的結論。各位讀者不妨自己也動手製造銅板的兩面清單，這也算是對時事、對華人世界所組成的最大國家做一點功課。世人和海外的華人津津樂道的中國，信手拈來，有著下列所謂六大正面的建設與光明的未來：

1. 中國未來三十年會成為世界第一大經濟體，第一大貿易國，遠遠超過歐洲，趕上美國。

   真的嗎？如果換算成每年人均所得，假定一切條件不變，三十年後，中國人每年平均所得也不過和現在的台灣一樣，約一萬三千美元，與歐洲目前廿五國平均的二萬五千美元，美日的三萬二千美元還差一大截。如果和今日的瑞士人相比，何年何月何日中國人年均所得才能達到瑞士人（US$39'880）的程度？

   茲建議：想法請實際一點，多從不同角度想想。國家第一，不如再進一步變成人人年均所得第一。中國其實還是一個第三世界國家。中國人平均說來，還沒達到小康的階段。

2. 中國經濟連續起飛，上海已成為第一大貨櫃港，中國已成為世界的工廠，欣欣向榮。

   真的嗎？依據世界銀行報導，世界最污染的十個城市，中國佔七個。在中國漠北的沙漠化現象，每年南

移數百公尺，青海三河源頭已呈乾渴，黃河長江沿岸地區，每年鬧水旱災。「中國河流的百分之七十五被污染而不能飲用、養魚或用於灌溉」（參考〈環境惡化中國經濟不堪負擔〉一文，原載於大紀元今年元月十五日第五版）。工業的成長不應以環境之犧牲為代價。中國是個工業發展的後來者，難道不知道「永續經營」這一簡單的道理？

3. 中國經濟持續成長，前程遠大。

真的嗎？請看看中國的貪污度排名，在一百四十四國中名列倒數一、二名。每年有千人以上的省級以上幹部因貪瀆而逃亡海外。中國高幹自己都承認，再不制止貪污腐敗，就要亡黨亡國了。

茲建議：中國帝國幾千年來的老毛病，大概根除不了吧！中國毛澤東時期，黨規尚嚴，加上幹部享有特權，撈錢劣績不著。改革開放後，黨規鬆弛，人人向錢看，不趁著還有點特權不貪污撈錢才怪？（海外近年已開始發生退黨效應）

4. 中國已掃除東亞病夫之恥辱，近年來在奧運每每取得數面金牌，儼然已成為奧運大國，令人激賞。

真的可以如此沾沾自喜嗎？

茲建議：從小就由國家專職培養，之後穿金戴銀式的職業保障，這種共產極權國家的培養運動員模式，

實在不怎麼光榮，不提也罷，運動員已成為從小培養的運動機器了。世界上除了過去的蘇俄和現在的北韓等等極少數的國家，有哪幾個國家如此蠻幹的？

5. 中國科技長足進步，航太工業更是可圈可點。尤其軍事科技的發展更是一日千里，將來一定成為科技大國，軍事強國。

真的嗎？中國的科技發展，在重工業和航太有點成就，可喜可賀。不過與美日歐諸工業先進國相比，差太遠了吧！不然何以中國的工業間諜四出？二十一世紀是溝通和解的年代，中國每年二位數字成長的國防預算，有必要嗎？今日誰膽敢撂虎鬚？中國難道真的要和老美打一仗嗎？打仗真的是好玩的事嗎？

茲建議：請放棄受迫害妄想症吧！

6. 總的說來，現在中國已洗刷鴉片戰爭以來百多年的恥辱。中國人已站起來了。

真的嗎？請從相反角度來看同一問題。儘管在歐盟的提倡下，產生了第三度的迷戀，中國人好像具有了正面良好形象，但在骨子裡，在今日的資訊社會，卻另外流行著一種負面的形象。為了少傷感情，筆者也就不忍言了。不過，共產黨統治了中國五十多年，中國好像除了「肌肉」蓬勃發展外，大腦和人品並沒長進，反而退步了。中國或中國人在文學、藝術、哲

學、科學等領域飛躍進展，拔得頭籌了嗎？比起小小的台灣，除了航太科技還比較高明一點，軍事工業比台灣先進一點，其餘的可說還大大不如吧！中國最大的病根就在制度上，一直是專制政體，因此，沒有個人的解放，無法享有思想、言論、結社等自由，民有、民治、民享的政治體制也一直厥如，人民從來沒有當家作主過。這樣的社會，根本是奴役的社會。1978年改革開放後，中國社會由奴役的社會進一步變成奴役和貪婪（lust）的社會。統治者由穿列寧裝的共產黨改變成穿西裝的假共產黨而已。不僅如此，有時還會脫下西裝，改穿義和團裝，不唱東方紅而改唱夜來香哩！

　　茲建議：好好列個表，比較一下，到底中國在人類的知識上、制度上、行為上提昇了多少？

　　總之，評斷「銅板」的指標，究竟要放在哪裡？不然公說婆說，通通有理。如此，彼此的常識或知識就不會進步了。筆者提出以下兩點指標，敬請大家指教。
　　首先就以第二次世界大戰美國羅斯福總統在國會發表的那篇著名的〈四大自由〉諮文為第一指標吧！為了存真，只錄下原文。

In the future days, which we seek to make secure, we look forward to a world founded upon four essential human freedoms.

The first is freedom of speech and expression -- everywhere in the world.

The second is freedom of every person to worship God in his own way -- everywhere in the world.

The third is freedom from want -- which, translated into world terms, means economic understandings which will secure to every nation a healthy peacetime life for its inhabitants -- everywhere in the world.

The fourth is freedom from fear -- which, translated into world terms, means a world-wide reduction of armaments to such a point and in such a thorough fashion that no nation will be in a position to commit an act of physical aggression against any neighbor -- anywhere in the world.

第二指標為民主。中國共產五十多年，由一黨專政的無產階級專政，改頭換面為一黨專政的幹部親貴資本主義專政。真是江河日下。

以自由與民主兩個簡單的指標來評斷中國近半世紀的治理（Governance），我們可以用一句話總結：親愛的中國共產黨

同志，你把中國管得烏煙瘴氣了，你把中國人民弄得快要變成不具有四維八德的「次人類」了。

　　歡迎批評指教，誠心邀請。真理不是越辯越明嗎？只要虛心求教，誠心論難，彼此在知識上、在見解上不都有點長進嗎？再次歡迎指教。

　　　　　　　　　　（登載於瑞士僑訊第七期／2005年4月）

>>>>>

如果分裂比不分裂好，
為什麼要反分裂？

最近，中國一意孤行，片面宣佈要針對台灣制定「反分裂法」來防止台灣從中國「分裂」出去。我將這幾天來與瑞士人和其他國家人士的談話，簡要地寫一點，也讓本刊讀者指正。

針對「本法將適用於台獨」的條文，我的看法是，台獨是一個政治和情緒性名詞，中國迄今沒下過嚴謹的法律定義，因此本分裂法其實是一種政治宣示，卻以法律形態出現。中國高幹實在不懂法律，或者說高幹自認天朝人士，頤指如意。其次，本法係針對台灣而來（台灣獨立，即是台獨？獨立指不受中國統治或人民管理自己？台獨到底是什麼？本法並未說明），但是中國的管轄權事實上不及於台灣，因此針對管轄權所管轄不到的政府和人民，聲稱要來管轄的那種法律，對台灣來說，是自始即無效的法律；針對管轄權所不及的政府和人民發佈管轄的聲明，就是不友好的聲明，就是狗吠火車，毫無實際效果，只是一種恐嚇作用，更是一場兒戲。如果台灣也要制定「反反分裂法」，那就是以兒戲對付

兒戲的兒戲了。針對該法第二條，將台灣問題的性質認定為「台灣是中國的一部份，是內戰遺留下的問題，屬於中國內政，任何外國勢力不得插手」，其實是荒謬絕倫。台灣是內戰遺留下的問題，好像是，然而：

1. 台灣問題性質也是廿世紀反殖民地主義或第二次戰後殖民地獨立運動紛起的問題，並不是單純的中國內戰遺留下的問題，何況屬於中國內戰的時間只有四年多（1945開始第二次武裝造反，中共發動內戰成功於1949年奪取中國大陸為止。台灣海島在1945年世界大戰前屬於日本領土）。因此從時間上來看，台灣問題的性質更比較屬於殖民地與反殖民地的本質問題；其實，就算全部是中國四年內戰遺留下的問題，難道叛國成功（還沒有完成成功，舊正統政權仍然存在）的一方，就一定要趕盡殺絕，不能放一馬，和平共存？何況「舊主子」已經在1990年代片面宣佈廢止「戰亂時期懲置盜匪條例」、「臨時條款」和「國家總動員法」等等內戰時期懲治叛亂匪黨的所有法案。老實說，「主子」已正式自找台階，不處罰「欺主霸產」的惡奴了。中國口口聲聲自命正統，一方面哀求舊主子送人送金銀來襄助開發，而在另一方面，卻又磨刀霍霍一付務必將主子滅絕，財產霸盡才干休？這是什麼嘴臉？

2. 該條文繼續談到，由於是「內戰遺留下的問題」，因此「屬於中國內政，任何外國勢力不得插手」。此一條文大錯特錯！慘絕人寰的種族仇殺，毫無道理的軍事侵略，聯合國或國際社會是可以插手的。十年來東南歐的波西尼亞、科索渥，蘇丹的Darfur等事件可為證明。誠然，地球上已不易分國內外，有關人權與和平的維護人人有責，各國政府是可以介入的。近日，美日共同防禦條約中，明確定出日本周邊包括台灣，就是這個道理。

3. 台灣問題也是一個國際問題。就算台灣如中國宣稱的「屬於中國內政問題」，只要中國無理對待台灣人民，外國即可介入；更何況「台灣是中國的一部份」，基本上就是一個語意模糊的命題。首先中國指的是什麼？國家名稱或地理文化名稱？歷史上台灣屬於大清帝國212年（1683起至1895年止）。大清帝國是中國嗎？如果是大明帝國呢？大元帝國算不算？看來，歷史的就還給歷史吧！再算下去，蒙古人或滿州人就要來聲稱中國是他們的領土了。目前北京的所謂「中國領土」，根本是滿州人「打下」的領土，前一代漢人所建立大明帝國的領土小得很！當時的領土也只及於澎湖列島，台灣本島屬於島上的南島人民（當然西、荷殖民過台灣，大明帝國的郡王鄭氏祖孫三代逃難而統治過台灣）。所以，從歷史上說，台灣屬於「中國」，太牽強了！如果不是地

理文化名稱，就是政治議題，指台灣屬於中華人民共和國？那麼玩笑就開大了。台灣目前仍由北京的舊主子（即正統的中華民國政權）統治著，中華民國不僅沒被消滅，還越來越民主和興旺！所以中國說台灣是中國的一部份，到底是什麼意思？北京指的是不是文化或語言甚至血緣上是相同的，所以台灣是中國的一部份？我則說，為什麼中國不是台灣的一部份，反而台灣是中國的一部份？因為台灣土地面積比較小或每年的國防預算比不上中國嗎？為什麼不比人民的生活與福祉呢？粗淺地比較一下，台灣人民的個人年平均收入為一萬三千美元，中國為一千一百美元，因此中國是台灣的一部份，台灣有資格說大話。又，為什麼不比政治的民主程度，人民享有的自由程度，或者人權的保障程度？中國絕對是台灣的一部份。還要比文化嗎？中國除了職業體育員，雜耍員等等還有其他的嗎？中國北京亂改文字，將中國的正統字改為不入流的簡體字，這是文化倒退和破壞文化，中國憑什麼大呼小叫？在文化上，中國實在不配做台灣的一部份。

總之，中國此次搞反分裂法，暴露了無知、說謊和暴力的本質。無知，指的是，此一分裂法根本不是法律，頂多是國內法，對台灣而言，是個自始無效的文句而已；說謊是指，

還在亂扯台灣是中國的一部份；如果北京指的是血緣，那就更令人驚訝於它的無知了。同一血緣分成好幾個國家的，多得很。日耳曼民族不是分成德、奧、瑞三國，甚至可再擴大至荷、比（北部地區）兩國？只要對人民福祉有利，分成數國又何妨？至少，此處不留爺或找不到飯碗，可遷到另一個血緣（或同一種語言）的國家討生活去。因此，老實說，十個中國比一個中國，對人民來說，來得大大有利。以血緣來做區分的標準和統一的指標，簡直是回到中古世紀了，難道要讓譬如華裔瑞士人（再過一兩代，肯定好多人已不認得漢字，日常生活已不用華語了）也要回歸，做中國人？最後，此一「法案」不脫暴力成份。不聽話，就打。這哪裡是以追求和平、和諧為鵠的所採取的手段？帝國猙獰面目，醜陋無比！

　　中國再不趕快步上民主，再不全力保護個人人權；中國再不因地制宜，採取邦聯制或分成幾個獨立的國家；中國再不永續經營其產業和經濟；中國再如此狂妄無知；中國再如此義和團；中國再如此「惡奴欺主」；中國再如此自不量力，要砲打洛杉磯……依我看，天罰不遠了！

（登載於瑞士僑訊第七期／2005年4月）

>>>>>
我們不談政治

　　三年前，個人有幸受邀去琉森佛光山佛堂參加新春慶祝活動。本人應邀於慶祝會中演講，演講內容簡短，意在祝賀與會者，吉祥如意、新春愉快。記憶猶新的是最後的總結，大意是：「今年是羊年，羊是善良與愛好和平的動物。因此我今年有三個願望，願與諸位相互勉勵：其一，願世界和平，戰爭與殺戮能就此消弭於無形；其二，願以巴雙方、伊拉克和美國等國家，能以非暴力方式解決爭端；其三，願中國不再欺負台灣，讓兩岸和世界上的華人能和睦相處。」

　　事後，我收到友誼的警告，內容是：在佛堂不要談政治。此後，本人就沒再收到該佛堂之任何邀請了。我的疑問是，身為台灣來的大使，與大家分享新年祝願，真是一件很嚴重的事嗎？「希望中國不要再欺負台灣」，真是不好的願望嗎？又，這些難道是假話嗎？難道我應該說：台灣不要再欺負中國了，抑或昧著良心說（台灣人的頭上明明有著六百多顆飛彈，而且中國一再聲明，只要台灣不聽話，飛彈就要射過來）：雙方不要再胡鬧下去了！這種掩耳盜鈴的方式，真能解決問題嗎？

　　針對此一「事件」，我的另項疑惑是，本人於新春致辭前，有位女士當場教唱或吟唱「祖國好」之歌曲。一口字正腔圓的北京腔，加上口口聲聲的祖國。對我而言，這不是政治行為是什麼？

　　最近連戰主席去了一趟他兒時的老家西安，迎接的小朋友第一句話就是「連爺爺，你可回來了！」。對於抱有中國大一統而又在場的人士，相信會感動得熱淚盈眶。但對於那些痛恨共產與厭惡中國時刻以打壓台灣為其手段卻又不在場目睹此一場景的台灣人而言，那句賺人熱淚的話，簡直肉麻之至，太統戰詞令了。所以，小朋友的那句話，有沒有政治意涵？如果我們討論此事，是不是就在談政治？

　　又譬如說，在世衛組織上，中國向外宣稱（同時也公佈節略），台灣的健康問題中國會妥善照顧。這些辭句，好像不是政治言辭。不過對照中國之後所說的如「WHO在與台灣的技術交流或協助時，須先與中國政府諮商」等等，那麼之前的「非政治」辭句，根本就是不折不扣的政治語言了。更糟糕的是，世人（或國人）不會進一步追問，以中國之衛生體制和條件，她怎麼夠資格照顧台灣？世人更不會打破沙鍋問到底，何謂「須先與中國政府諮商」？天哪！那不是說台灣人民的健康問題，要受到中國僵硬官僚制度的層層節制？所以不談政治，不去發掘真相，會讓謊言流傳下去，讓每個人的偏見和成見繼續存留下去。

針對近期中國對台灣的打壓行動，以下的簡表，可以清楚地看出，在「不談政治」的大帽子下，中國的下流政治動作連續不斷，而且日甚一日。

就因為政治此一名詞，無所不包而又複雜難懂，我們才要去談它。只要我們恪遵以下三個對話或談話之原則，我相信，每次談到政治，每個人在認知上多少會躍進一些；而在人跟人的情誼上，也會或多或少增進一點。茲簡述於下，祈與諸君共同分享。

原則一：心胸開放，不存己見

不要在尚未討論前，自己主觀上已有著不可憾動之看法（即俗稱的偏見或成見）。與你意見相符者，則引為知己；不同者，則視如寇讎。若此，一個人的知識如何可以增長呢？擴大見聞也者，就是心中不存己見，多欣賞別人的觀點或看法。須知，一個銅板總有兩面，每個人的知識或見解有如「盲人摸象」中所摸到的一角，至於全象（全相）到底如何，還需多與他人溝通和討論才是。因此，要享受溝通本身的樂趣，或談政治所帶來認知上的增長，第一步就是心胸開放（Open your mind）。

近期中國對台灣的打壓行動明細表

日　　期	行　動　內　容
2004.7.8-18	第三屆奧林匹克合唱團比賽，中國向主辦單位施壓，使我成為唯一無法持國旗進場的隊伍。
2004.8.1	中國學生抵制台大學生參加在韓國舉行的「東亞共同空間」國際會議。
2004.8.16	中國施壓聯合國，取消台灣國中學生楊智淵郵票圖案創作優勝資格。
2004.10.29	德國紐倫堡發明大展，中國大使向大會施壓要求我卸下國旗。中國代表團在展覽會場叫囂表示，這裡沒有中華民國存在的地方。
2004.11.7-9	義大利米蘭世界美髮大展，中國代表團向大會杯葛，要求我代表團須將「中華台北」改為「中華人民共和國台灣省」。
2005.1.6	因中國干涉，印有中華民國國旗、國號的救援物資無法進入斯里蘭卡、馬爾地夫等受災最嚴重的區域。
2005.4.8	教宗逝世，中國抗議教廷准扁簽證，取消致哀團，此前並施壓教廷與台灣斷絕外交關係。
2005.5.4	台灣醫衛專家參加「亞洲海嘯災後衛生議題會議」，遭中國打壓，無法出席開幕典禮。
2005.5.12	民進黨受邀參加國際自由聯盟會議，但因中國施壓，游錫堃秘書長申請保加利亞簽證被拒。
2005.05.13	WHA前夕，中國向我友邦發出說帖，要求不要提出、贊助、支持任何與台灣有關的議案。
2005.5.14	中國與WHO簽署備忘錄，聲稱WHO在與台灣的技術交流或協助時，需先與中國政府諮商。
2005.5.16	沙祖康表示，中國只有一個，台灣沒有主權，而是中國的一省，並以連宋在中國訪問的說法來背書。

原則二：態度客觀，立論有據

　　每個人活在世上皆為獨立的個體（unique），因為世界上除了自己，無法找到第二個與自己想法完全相同的人（複製人）。獨特性，特別是指他個人所具有的經驗歷史、價值取向和系統而言。如果他個人堅持己見（即是，以個人經驗歷史和價值系統為真，以他人之經驗與價值為假），那麼，他如何去欣賞別人的觀點，去客觀地從別人的觀點看問題（從另一角度，或說像盲人一樣，開始再從另一個定點摸象）？甚至堅持不承認別人所提出的立論或證據，那就是「固執己見」了。譬如莊子所云：「夏蟲不足以語冰」。生長在南方的蟲子，儘管說破了嘴，它也不會相信會有「冰」，這種只有在寒帶才存在的玩意兒。態度不客觀，又不肯承認活生生的例子和證據，那真應了古人的一句話：「對牛談琴」。因此「Open your heart」去客觀地，不帶己見地觀照他人的觀點，就成了第二條原則。

原則三：尊重談話禮儀

　　如果只有遵守以上兩大原則，而不加上此一行動之原則，那麼談政治也一定談不出個所以然來。因為雙方早已發生口角，不歡而散了。談話的目的，乃在享受從擷取不同觀

點（新知）中，所獲得的樂趣、在談話中所激發出的睿智、急智、幽默……等等，從而達到溝通的快樂。當然，雙方如果具有以上三大原則，而又博通古今、學究天人或者情深雋永時，則無聲勝有聲的無言之樂，或偶而迸發出來的禪趣，堪稱已達到談話的最高境界與樂趣了，可謂「天人合一、永恆不朽或真善美」的達成。因此，「Open your eyes」去遵守行為和禮儀，也是不可或缺的原則之一。惟恪遵第三原則時，切記勿犯以下大忌：

1. 不尊重他人的人格和意見，不能因為對方意見與你相左，就批評對方為白癡或貼人標籤（Label）。

2. 其次，不准動武。若欲以打架達到溝通之目的，其行為乃如同野獸動物。談話是生為人類，上天所賦予之稟賦，「次人類」或動物是無法獲得箇中樂趣的。

3. 以禮相待，後會有期。不須把關係弄到不歡而散，意見不同，本來就是如此（每個人都是獨一無二的）。因此，好聚好散，下次有機會再準備充分一點，以理服人，以禮待人，體驗一下談話的樂趣。若沒機會，也無所謂，一切隨緣聽便。

4. 不談政治，此四個字語意不通、語義不明。政治無法逃避、無法不談。要去面對，要把它變為享受。所以只有多談，同時也遵守以上談話的三大原則。其實，運用以

上三大原則，有什麼話不可談，甚至兒女情話，也能談
得意猶未盡、津津有味。

（登載於瑞士僑訊第八期／2005年9月）

>>>>> 我們是現代公民？

　　不管是生活在國內或國外，不管你是來自台灣、中南半島的越棉寮或其他各大洲，我們這些華人，對人對事的行為模式和思考方式，基本上差不多，可以說與百年前的大清帝國的人民，或大明帝國的百姓，沒什麼大的差別。華人民族性（National Character）的強韌，真令人驚異。這證明百年來，我們面對世界大變局，壓根兒沒有駕馭的能力，可說應變無方。我們還是不得已以不變應萬變來應付外在的變局，還躲在華人的圈子裡共存共榮，同時不忘互鬥。隨手拈來，華人性格上的毛病或乾脆稱之為劣根性，多得指不勝屈。譬如，不管官大官小，不管學問高低，大家仍舊熱衷風水、算命等迷信。百年來科學的進步，似乎仍破除不了根深蒂固的毛病—迷信超自然力。出門看黃曆，居家老是換床頭方向，這都是司空見慣的事。我們仍然不會主動動手找資料，不會發覺問題，更不會從事邏輯思考和問問題；我們顯然尚未具備科學的精神與訓練。又譬如在解決問題方面，我們仍然迷信人際關係，不會以一個成熟成人的資格和立場去面對問題，客觀地分析問題，並與相關牽涉本案的關係人士，透過協商、社會存在的機制如調解委

員會、法院等來和平處理。我們不是悲壯地「死給你看」，咒詛對方下地獄，就是利用關係來壓服對方，甚至動手打打殺殺。我們習慣於動不動就想以暴力方式而非以理服人。老實說，儘管自詡有著五千年的文明，但我們的心態仍然處在以力服人的動物本能狀態。再其次，我們一直對自己沒信心，更糟糕的是，對他人，對所有的機制也沒信心，因為我們總覺得自己會吃虧，殊不知在現代的人際關係中，本來就是相互多少退讓一點，犧牲一點，以謀求共同利益之擴大而達成的。在這種自私自利的心態下，人人就只會搭便車，埋怨別人不瞭解你，怪罪他人。由於不動手找出原因，想辦法以合理和平方式解決問題，一直想找現成，搭便車，而對自己又沒信心，於是也產生了「家花不比野花香」，「鄰人的草坪比自己的翠綠」的心態，但是就是不肯動手整理自己家園或社區，不肯著手改善自己的人際和家庭關係。在這種心態下，當然外國總比本國文明，而本國今日的落伍和不振，乃是外國多年來所害，又開始怪罪他人了。

在今日中國的義和團式愛國民族主義下，當然就得出百年的屈辱根本是列強凌辱的結果。錯在列強而非中華。從而單一華人，個個如龍似虎，大家都不服誰；但除了成群結黨，以人數來取勝外，華人很難組成強有力的團體。

個人一直以為，百年來以上三大毛病 —— 自私、迷信、沒腰桿，一直無法根除。老百姓一直沒有現代公民素養的原

因之一，除了國民性保有前科學和前民主社會的習性外，必須再加上我們漢字此一溝通工具不夠精準豐富，以致溝通不良，敷衍了事。譬如漢字本身詞彙之不足，不具再生（再創新字或新詞）能力。另外一點就是國人從小根本沒有邏輯思考和修辭學（表達能力）的教育和訓練。以上兩項惡惡相濟，只有使得華人吸收外來知識的能力大為低落。總之，要在現代的世界，在科學人文藝術等各領域領先群倫，建立一個堂堂正正、人人敬重和羨慕的盛世社會，我個人以為我們必須在以下幾項最最基本的教育下功夫。當然讀者也可以動手再加幾項，甚至減少一兩項，悉聽尊便，歡迎之至。

　　首先是人權的教育：台灣過去的教育中根本沒有這種人權的概念和教育，華人的社會一直是差別不平等。講究的是，以人的上下親疏關係來定調人與人的關係與價值。然而人人本質平等，在本體論、認知論和哲學的平等線上相互平等相互尊重，此一現代的人權觀念，華人社會卻未生根。既然沒有人權的概念和教育，則為保障人權和創造自由所產生的紀律、法律甚至道德也就不予以尊重，因為「律法豈為我輩而設？」。在華人的社會，特別是在中國，迄1912年，一直都是由貴族平民分立，士農工商不同社會地位所組成的社會。強凌弱，眾暴寡，貪官污吏橫行，梁山泊「好漢」自力救濟，那是幾千年來中華社會的寫照。

其次，民主法治教育也是華人社會裡一向缺乏的東西，既然每個人的關係和價值不同，當然也就沒有「票票等值」的看法，因此，在施行民主政治的今日台灣，也就墮落到多數暴力的頻頻出現，「選輸就是不服氣」等怪異現象的出現。

第三項，華人的社會，仍然缺乏科學教育，仍未具科學精神，因此，面對真理，仍然以一己利害做衡量的標準，要求的是政治立場的正確「Politically Correct」；要紅也要專，但先紅後專，因此落實在個人是強辯，在政權則是說謊。在真理面前低頭，則是幾乎不會發生的事。當遲浩田在美國公開聲稱六四沒死一個人；當中國政權公開聲稱八年抗戰是共產黨打的（最近為統戰在台灣的國民黨，已稍稍改口，說國民政府對抗日本也做出了一點貢獻），這不是睜眼說瞎話？在此一項目下，個人主張華人只有加強邏輯，修辭和辯論的訓練，漢字及華語的正確表達，才有可能清晰正確地溝通；有了清楚的溝通，求真才能事半功倍。

最後一點，我認為現代社會必須建築在個人的自由發展和建立在小團體鄉土的蓬勃發展上，如此才有可能產生繽紛的、世界性的多元文化。

作為在瑞士出生的小孩，不管「祖籍」為何，不瞭解瑞士的鄉土歷史和文化，卻侈談歐洲大一統，這不是本末倒置，再製造一群沒靈魂的瑞士人，一群歐洲鬼（瑞士不屬於EU）嗎？相信生活在瑞士的華人，對以上的觀點一定有所體會；

不是嗎？你們的孩子硬是與國內的孩子或與以前的我們大不相同，觀念不同，舉止不同，信仰不同，愛憎更不相同。

個人提出一點以上小建議來與全體旅瑞僑胞共勉：

1. 多多加油，改善你華語的溝通能力吧！當然為了融入當地社會，融入你的家庭也請多改善你的當地語文能力；從中你會發覺漢字華語的可愛，但可能會發覺更多的缺點與不足，這些缺點正好引導我們去進一步思索一些語言學上的大問題。

2. 多讀點書吧！不過最好有系統地讀，如此你才會在某知識領域或某一議題上，有著深入的瞭解，說不定有朝一日還會成為專家哩！

3. 不要每天只看一種報紙或只看哪一個電視台。個人希望至少多看一種以上立場對立或不同的報紙，如此你才有可能逐漸養成自己的獨立思考和判斷能力。譬如你每天只看台灣的聯合報，日久，你不藍也怪，再久一點，變深藍了。如果你每天能多看一份挺綠的報紙，兩報相互比較，至少真相容易浮現。之後，你要偏藍偏綠，或成藍成綠，至少是你深思熟慮的結果，果爾，那就做一個客觀、寬容而又快樂的藍人或綠女吧！

（登載於瑞士僑訊第九期／2005年12月）

投資中國：先風險評估一下

近年來，歐洲和台灣一些親中的媒體，大肆正面報導中國的崛起，連篇累牘，無日無之。台灣的媒體，更將投資中國，視同台灣的國際化。換言之，中國市場，就是世界市場。我們不去批評台灣的媒體將中國市場等同世界市場的謬誤類比，本文也不去批評歐洲媒體對中國的市場和未來一片一廂情願的粉紅色描述。我們在此以風險評估（Probabilistic Risk Assessment PRA）的概念和方法以手頭一點現有資料，簡單提出一些中國市場將來可能發生問題的所在。至於問題（災難）會大約在何時發生；災情會多嚴重（規模多大多深），會不會因而發生市場崩潰，甚至發生內戰和地方軍閥割據的現象。這些就不在本文的範圍之內了。

中國未來經濟的發展繫於政治的安定、社會的穩定和經濟的飛躍成長（亦即經濟系統本身的運作）。以下分別從這三方面，來看看中國目前存在著哪些風險。這些風險一般說來，在民主政治上軌道，市場經濟具一定發達程度的國家和社會是不太可能發生的，就算發生，性質也不相同。譬如

1929年的世界經濟大恐慌，只牽涉到金融財政的崩潰，而不至直接帶動政權的更換或政體的改變，甚至發生戰事。

總部設在紐約，從事為全球金融投資業提供國際政治風險評估的「歐亞集團」最近發表專文，就中國社會動亂之政治風險評估如下：

1. 中國社會動亂頻仍，1994年群眾抗議事件達一萬件，抗議人數七十三萬人；但是到了2004年，抗議事件高達七萬四千件（2005年達八萬七千件），抗議人數三百七十萬人。據中國當局分析，官吏的貪污，政商的勾結為非作歹，和整地遷地等風波乃是主因。

2. 中國2006年內雖然還不至於發生大動亂，但是由於一黨專政的僵硬黨政體系加上已越過危險水平的貧富差距（衡量貧富差距之基尼係數在過去二十年間被增至0.53，已超過0.4之危險水平），城鄉平均所得相差四倍以上，加上城市間約一億的待工待業（即失業）人口，中國的社會穩定性可說極端地令人憂心忡忡。動亂，甚至政治暴動的發生率極大，從而胡溫體制亦可能遭受黨內派系挑戰，鬧內戰，搞分裂和獨立，亦不無可能。

3. 除了社經發展所帶來的三農和三差問題短時間無法解決，可能因而失控導致社會和政治的動亂外^{（註1）}，目前中國本身的經濟和市場結構，仍是依循十九世紀的資本主義（此即枉顧王法，強者富者越富），加上一黨專

政的發展模式，一如當年蘇俄共產解體的模式，中國遲早會發生「蘇東坡」效應。因此簡單地說，經濟發展方面，中國面臨非依法而治的危機。詳言之，私有財房產，自由平等競爭和公平裁決機制（以上三者為資本主義經濟制度之核心價值），如無法以法治來建立和保障，這個市場也就成為強盜市場了。譬如依中國國務院發展研究中心區域戰略研究所指出，從2001年4月到2004年10月為止，國家質量監督檢驗檢疫總局所查獲的仿冒偽劣產品總值約一百一十億元人民幣。此外，根據媒體報導，目前全球之仿冒品百分之七十來自中國。另者，據中國經濟觀察報透露^{（註2）}，中國三十一個省當中，有二十六個省沒有足夠的電力需求。浙江民營的經濟研究會公佈的一項調查，在接受調查的千家企業中，有一半企業平均每月停電天數超過三分之一。顯然基本建設嚴重不足。

以上不過指出如要在中國投資，風險的概念不可無，風險評估不可缺。一國的經濟發展談何容易，歐美日工業先進國，花了百年以上的時光，小小的台灣也努力了近半世紀，才好不容易有了立錐之地。獨裁加反智的中國，拖著十三億的人口，二十年來的「發展」已是叨天之幸，有可能在未來

三十年,一躍成為「工業先進國」?「上帝,此一美夢可會
成真?」

註1:三農問題,指農民真苦,農村真窮,農業真危險的三個經濟發展
　　　結構的大問題;而三差問題指的是貧富差距,地理上的東西(區
　　　域)差距和城鄉差距。

註2:中國的經濟發展計畫,主要是抄襲當今工業大國的工業發展模
　　　式,以工業製造業之發展為主,同時特別以發展汽車工業做為工
　　　業發展的龍頭(起飛)工業。這種無知又過時的工業發展策略,
　　　無怪乎對外與諸大國大搶能源;對內,則污染處處。世界銀行所
　　　列的全球十大污染都市,中國的即佔了七個。

(登載於瑞士僑訊第十期/2006年2月)

眉批中國（中華人民共和國）的新憲法

中國共產黨在第二次世界大戰結束後，再度發動了大規模的武裝叛亂，數年間，終於成功地將中華民國趕出中國大陸，還來不及「跨海東征」，隨即在1949年就迫不及待地在北京建立起嶄新的中華人民共和國（此後簡稱中國），同時在1954年制訂了中華人民共和國憲法以做為凡百施政的根本大法。

當然，隨著往後國內外政治情勢之需要，此一憲法一改再改。今（2006）年的憲政，最令人忍俊不禁的就是將「台灣是中華人民共和國的神聖領土的一部份」終於堂而皇之地印在2006年版的新憲法序言上。其實與1954年的憲法版比較，也沒有什麼不同，只不過1954年的序言中聲明要用和平手段解放台灣，完成祖國的統一而已。顯然，「建國」初年，共產黨政府還信心滿滿，要用和平手段來解決台灣問題，並且用了「解放」此一動詞。根據共產主義的詮釋，因為只有透過「解放」，老蔣總統的「中華民國」人吃人的資本主義和

腐敗的半封建半落後的社會，才有一廓而清，一掃而光，從而建立起沒有階級，沒有剝削，民族一律平等的共產社會。

1954年版的憲法，也昭告世人，內戰尚未結束，中華民國尚未消滅，因此統一大業尚待完成。

2006年的新憲，與1954年舊憲相比，氣勢、信心方面就差多了。為什麼？因為至少2006年新憲的寫法連露兩次狐狸尾巴。首先台灣還沒解放就猴急地宣稱「台灣是中華人民共和國」神聖領土的一部份，如此一寫，不是逼得在台灣的中華民國根本無法與中華人民共和國今後平等一起坐上談判桌，共商和平與繁榮的未來？骨子裡，此一新憲也表示半世紀前的內戰，顯然地是發動叛亂的中華人民共和國贏定了，不然不必如此粗暴無禮。不過，未來果真如此？十年河東，十年河西。三十年後獨裁的共產中國還會存在？

其次2006年新憲，還強調「完成統一祖國的大業是包括台灣同胞在內的全中國人民的神聖職責」。不過，這怎麼會是台灣人民和中國人民的職責呢？人民沒有職責去贊成統一，從而支持從統一中得到好處的政權。相反地，從古代的中國歷史和今日的民主政治實踐觀之，人民反而有職責去監督和選擇政府（政權），甚至必要時也可以推翻政府，但沒有職責去堅定不移地支持政府的某一政策！在民主政治，透過人民的選票，政府是應定期地接受檢驗的。選票不足就下台鞠躬，簡單明瞭，乾脆俐落。古代孟子的社稷為重，君主（政

府）為輕的說法，今日的革命或馬克斯的階級鬥爭理論，在在說明，今日中國人民也可以發動革命，將騎在人民頭上的共黨政權推翻的。當順民，不是人民唯一的選擇。中國共產黨政府，我們上頭說過，隨著需要和主觀的認知，十多年來，針對台灣，就有以下不同的說法：

2000年前	台灣是中國的一個省。
1993年9月	台灣問題與中國的統一白皮書載明；台灣是中國不可分割的一部份。爾後的江八點紀念會則一改再改。
1996年	台灣是中國領土不可分割的一部份
1998年	台灣做為中國領土的一部份
1999年	台灣是中國的一部份
2001年	大陸和台灣都是中國的領土
2002年	大陸與台灣同屬一個中國

不過2005年中國軍事科學院少將彭光謙又開始具體起來：「台灣是中國不可分割的神聖領土」，同年四月的人大委員吳邦國再次強調「台灣是中國神聖領土不可分割的一部份」，今年三月份的十一五規劃綱要草案就正式將2006年新憲的詞句用上了，此即「台灣是中華人民共和國不可分割的神聖領土」。

從以上中國對中國與台灣的定位陳述看來，中國根本仍然將台灣視為解放（造反？）戰爭的最後一役。未能征服台

灣，中國共產政黨的造反正當性（legitimacy），就永遠無法
自圓其說。明的，暗的，使出各種手段也要逼得台灣臣服。
只有基於以上的歷史認知，我們才會瞭解今日中國一定要將
台灣趕盡殺絕，置於死地的道理。譬如將台灣排除在世界衛
生組織（WHO）的保護網之外，讓台灣人民受苦受難。這
種作法只有證明中國不把台灣人民當作華人，更可解釋為不
把台灣人民當人看待，不然為什麼台灣人民不需要醫療的保
護。在人類歷史上，我們看過比這件事更荒謬、更殘忍的？

　　現在個人順著2006年的新憲序言，再一一（擇其個人認
為重要的）批判一下，希望讀者上網將新憲序言完整地印出
來，看一遍，再對照一下，我的批評有沒有過火的地方，我
更希望讀者來信、來電指教。

　　憲法的序言，通常即是該憲法的法意，也就是憲法的精神
所在。中國的此部憲法的特點之一，就是序言洋洋灑灑共有
一千七百字左右，當真是世上最長的序言。不過，荒腔走板之
處甚多，不合邏輯的地方也不少。我們就來一次奇文共賞。

> ▶ 首先第一段就大有問題，原文：「中國是世界上歷史最
> 悠久的國家之一。中國各族人民共同創造了光輝燦爛的
> 文化，具有光榮的革命傳統……」

> ◀ 批評：中國歷史上哪有革命，只有造反，只帶來改朝換
> 代，根本沒有撼動過基本的價值體系。（只有文化大革
> 命的十年浩劫，才算符合革命的定義。不過十年浩劫過

後，中國已經不是過去的中國，中國人也已經不是過去的中國人了。）

　　1949年的朱毛造反，雖口稱革命，祭出馬列毛，不過骨子裡仍然是中國歷代造反的翻版。以前造反的口號是順天應人，打家劫舍說成是替天行道。中國共產的造反口號，是無產階級革命。中國共產黨的「造反」不僅革出大量的無辜生命，也革得人性喪失。

▶ 第五段最後一句，原文：「建立了中華人民共和國。從此，中國人民掌握了國家的權力，成為國家的主人」

◀ 批評：真是天大謊言，人民當家作主？？？有沒有搞錯？批評的理由實在罄竹難書，也就不贅述了。

▶ 第六段原文：「中華人民共和國成立以後，我國社會逐步實現了新民主主義到社會主義的過渡。生產資料私有制的社會主義改造已經完成，人剝削人的制度已經消滅，社會主義制度已經確立……」

◀ 批評：中國社會主義，已經把中國弄得一窮二白，無辜人民至少餓死、枉死達八千萬人以上。如今，到頭來卻又全面屏棄中國社會主義，改採原始資本主義（Primitive capitalism），人剝削人的制度又再度建立，東方專治主義又再度強化，這是越活越回去。

▶ 第七段原文：「……中國各族人民將繼續在中國共產黨領導下，……把我國建設成為高度文明、高度民主的社會主義國家」

◀ 批評：一黨專政，只肥了共產黨，怎麼可能建立起高度民主的國家。一黨專政和高度民主乃是兩個對立的概念，真虧了共產黨高度的想像力，或高度的謊言，把這兩者串聯起來。

▶ 第八段原文：「在我國，剝削階級做為階級已經消滅，但是階級鬥爭還將在一定範圍內長期存在……」

◀ 批評：舊的剝削階級容或已經消滅，但是新的剝削階級，做為階級，卻又早已確立，那就是行專治的共產黨徒的階級。一個嶄新的共黨權貴階級從1978年改革開放後，又已逐步成立。看來今日之中國，好像還要再來一場「階級鬥爭」，人民才有可能當家做主。

▶ 第九段原文：略

◀ 批評：略。以上請參看本文前段

▶ 第十一段原文：「……在維護民族團結的鬥爭中，要反對大民族主義，主要是大漢族主義，也要反對地方民族主義……」

◀ 批評：真是說的比唱的好聽。在政治制度上，中央集權，特別是在一黨專政的政治中，少數民族只有被打成劣等民族的份；而稍為不滿，也就會被貼上地方民族主

義的標籤，這是制度使然，除非中國實行聯邦主義，沙文主義才會自動消失一半。如果膽敢讓各族各地區獨立，民族沙文主義這一問題也就自動解決了。

今日中國，保全政權，大撈特撈都來不及了，哪有心思永續經營中國？何況進行大幅度的政治改革，鐵定將危及當權者的權益。共產中國是「沒種匪類」，絕不可能進行政治改革的。

▶ 第十二段原文：「……支持被壓迫民族和發展中國家爭取和維護民族獨立，發展民族經濟的正義鬥爭，為維護世界和平和促進人類進步事業而努力」

◀ 批評：此一願景，又是說唱俱佳。在冷戰時期，中國拼命輸出革命，好與蘇修爭霸，後期更不顧形象靠攏「美帝」。今日則是輸出武器，與世上「惡棍國家」為伍，而在國內則嚴打少數民族，宗教和社會團體，這種清清楚楚的惡棍行徑，怎麼可能自稱為「為維護世界和平和促進人類進步事業而努力」？800顆飛彈對準台灣，而大言不慚地說中國要和平崛起。老天爺，有這麼無恥的謊言？

敬請讀者諸君也提起筆來，針對中國憲法，說三道四一番，並且比較一下，誰對，是你對還是我對。

（登載於瑞士僑訊第十一期／2006年5月）

擦身而過文化大革命

　　台灣的中央社在2006年元月6日以小小的台北六日電方式，發佈了〈中共四人幫正式走入歷史〉的電文。該報導說「以毛澤東妻子江青為首的中共『四人幫』包括張春橋、姚文元、王洪文等人均已辭世。從1966年到1976年的中國文化大革命十年中，『四人幫』成員各個呼風喚雨，左右中國政局，如今已正式走入歷史。據中國官方媒體報導，姚文元因患糖尿病，於2005年12月23日病逝於上海，得年74歲。張春橋因患癌症於2005年4月21日病亡，得年88歲。」

　　電文中沒提到江青是在保外就醫（1981年叛處死刑後改判無期徒刑）時特別選擇在文革的綱領性文件「516通知」25週年發文，用幾條手帕結成一個繩圈，而後吊死在醫院的衛生間，得年77歲。而王洪文則是在1992年即江青自殺的翌年，因肝病死去，得年只有58歲。

　　文革已過去四十年，中國仍不敢面對，還未做出深刻反省和歷史總結。文革荼毒在今日中國的領導幹部和人民身上清晰可見。而來自台灣和海外的年輕華人則不知文革原委及其對當今中國人的傷害有多麼深遠。個人趁此機會略做回顧也

間接敘述一下當年與文化大革命擦身而過的經歷，就做為此一人類大浩劫的一點局外人的紀念性評論吧！

在當年國際一片阿諛、讚美文革的報導中，唯獨台北的國際關係研究中心（現為政治大學智庫）指出，文革根本是一場奪權的鬧劇。話說老毛在大躍進之後，弄得國家一窮二白，生靈塗炭，大權也逐漸旁落到當時劉少奇第二把手和國務院總理周恩來的手上，於是進行政治大豪賭，試圖重新奪回失去的大權，如是而已。事後證明，果不其然。以下針對文化大革命，做一點鳥瞰式說明，讓讀者略明其梗概。

1966年6月1日，人民日報發表〈橫掃一切牛鬼蛇神〉的社論，依周恩來的說明，「橫掃一切牛鬼蛇神不是掃一切幹部，而是掃走資本主義道路的當權派，沒有改造好的地，富，反，壞，右和資產階級反動學術權威」。劉少奇和當年的學術界人士就成了以中共幹部為基本隊伍的紅衛兵的抄家對象；伴隨著抄家的，則是拷打殺戮以「五類份子」為主的牛鬼蛇神。到文革晚期，除軍人外，則共黨幹部、政府人員等等，統統變成橫掃對象。第二波運動則是由造反派公然奪權，進行殺戮的武鬥時期。第三波更進一步進入「清理階級隊伍」，由老毛和周總理聯手，徹底橫掃一切尚未處理的牛鬼蛇神。此時，軍隊也站出來，紛紛表態成立革命委員會，頂著老毛說的「文革是國共兩黨鬥爭的繼續」，將與國民黨有關的老工人，老公務員，有親戚在台灣的，通通一網打

盡。「不殺人打不開局面」，辦不了正事。粗估，死於清隊的人數至少五十萬人以上，與上二次高峰抄家和武鬥的死亡人數相比，絕對不遑多讓。

最嚴重的則是1970年後發動的「一打三反」和清查「五一六份子」運動。此即打擊現行反革命破壞活動，反對貪污盜竊，投機倒把和舖張浪費。「革命委員會」兵力在手，權力緊握，橫掃的對象此刻已擴及全中國人民。看不順眼，就是「現行反革命」，為了橫掃徹底，打擊面要廣，手段要更毒辣。譬如同一小村莊分成革命委員會和造反革命委員會兩派，在相互橫掃時，可以把平時熟識的老爹活活亂棒打死，也可以把平時令人敬愛、與世無爭的張大媽打成現行反革命份子，活活當眾輪姦致死。如此，當年的文革小將如是說：新中國才誕生有望。根據浩劫過後的中國官方統計數字「總」的估計，因大量冤假錯案受到誣陷、迫害和株連的達到一億人以上。「去台人員家屬」中的冤、假錯案即多達十多萬件。文革中究竟死了多少人？說法不一。1980年鄧小平對義大利女記者法拉奇所說的那樣：「永遠也統計不了。因為死的原因各種各樣，中國又是那樣廣闊。總之，人死了很多。」

死了多少人不容易算，那麼經濟上、物質上的損失又如何？同樣不容易算。不過八〇年代主管經濟的前國家主席李先念指出，文革使國民經濟收入損失了五千億人民幣。這個

數字相當於中共建國三年全部基本建設的百分之八十，超過了三十年來全國固定資產的總和。其實依個人看來，文革最大的傷害乃在高舉破四舊立四新的口號。在鼓動年輕人實現未來的理想社會和塑造新人類的理想下，把活生生的人變成禽獸。換言之，舊的打破，新的沒來，於是思想真空、信仰真空、情愛真空，於是造成了人人自保第一，仇恨為先的「次人類社會」。譬如文革中，中共要廣大青年以「打倒帝，修，反」要「解放世界上三分之二的被壓迫人民為己任」。這是何等的氣概和情操，無怪乎純真的年輕人在「不忘階級苦，牢記血淚仇」的熱血下前仆後繼置身於「世界革命」的大業。然而十年下來，發覺每個人包括自己，各個都是牛鬼蛇神，每個人都是他人的工具。理想幻滅之後，就產生絕對的自私和人性的泯滅。個人認為，這「看不見的內傷」才是更大的傷害。君不見，當今中國的官民，各個依稀有著文革的影子和傷痕。喝共產黨狼奶長大和經過十年浩劫淬練的領導班子，目前正大踏步朝世界強權邁進。有人以為文革中的殘忍粗暴，反文明、反文化和反人性的行徑，產生出今日某些中國人的痞子行徑和反智行為。我們的總結是：古老的、講仁恕的中國文化以及善良和宿命的中國人，經過文化大革命的洗禮後，已經一去不復返。看看可能是否還要再等個四十年，中國那塊大地上生活著的許多人才能多少恢復一點人性和真情。

　　文革中不堪受辱而自殺的知識份子、文化人等不知凡幾。我現在從開放雜誌資料室的文革名人自殺死亡名單中，挑出十位大概時下年輕人可能還有點印象的當時名人，提供參考。看看文革有多殘酷，非逼得這些位「國寶」級的知名人物，不得不自行了此殘生，令人慨嘆！

1、熊十力	國學大師	1968年5月24日	絕食身亡
2、老舍	三十年代著名作家	1966年8月24日	蹈北京太平湖溺死
3、儲安平	觀察雜誌創辦人	1967年	傳蹈海自殺
4、馬連良	京劇大師	1966年12月16日	在天津身著全副戲裝，服毒而亡
5、翦伯贊	歷史教授	1968年12月18日	與妻子服安眠藥死亡
6、黃紹竑	民初桂系領導人	1966年8月	自殺
7、李立三	中共早期領導人	1967年6月21日	服毒死亡
8、鄧拓	人民日報總編輯	1966年5月17日	服毒致死
9、吳晗	北京副市長，歷史學家，「海瑞罷官」作者	1968年10月11日	獄中自殺，死前頭髮被拔光。
10、田家英	毛澤東秘書	1966年5月23日	吊死在毛澤東書房走廊

就在文化大革命在中國橫掃一切時，六、七十年代的歐洲和全球正進入人類史上一個轉捩點。全面反思或反抗工業機械文明的浪潮正悄悄在六十年代萌芽而後急速擴散。為反對現存體制和冷冰冰的鋼鐵水泥文明，嬉皮運動於焉產生；反對工業大國同時也是列強的頤指氣使……，反越戰運動也如火如荼起來；在反現行代議政治制度的虛偽下，美國爆發了民權運動；在反工業文明大旗下，也誕生了生態保護運動。在全球青年的高亢行動和少數歐美知識份子的鼓動下，全球湧現反戰、反現狀、反虛偽的呼聲和顛覆現狀的活動；但在另一方面，全球青年也同時進一步在努力追求純真自然的生活和心靈涅槃的境界。當時歐洲知識界的政治口號是「寧赤勿戰」相信由蘇俄統治也比現狀兩營對峙的好。於是乎膽敢與蘇修抗衡，與美帝爭鋒的中國及其文化大革命向世局提供了活生生的良好例證。歐美的反工業文明運動與東方農業文明的巫術造反運動一下子銜接起來。讀者諸君可能無法想像，當時歐洲知識界迷戀文化大革命的程度，許多歐洲人相信，中國的文革就是歐洲顛覆現狀的樣版，而共產中國就是歐洲人一心追求的人間樂土。

文革開始，我剛好來歐洲留學，由於個人對國內政府的宣傳抱著半信半疑的態度，而又身處當時文化大革命大受崇拜的歐洲，老實說，心裡開始也對文革逐漸由好奇而產生好感。當時台灣的留歐學生不多，但彼此往來還算相當頻繁。

不過,就是往來,也不談政治,因為國內政治的氣氛,一不小心,是會被劃為異議份子而成為有家歸不得的異鄉人的。既然與國人談之不宜,於是個人轉而與國外人士討論。時日一久,說句實話,對文革越來越具好感,並且和歐洲年輕人一樣,心嚮往焉。不過看到老毛高高在上,大受年輕徒眾景仰的畫面,直覺上就覺得不是滋味,這種場面,這種個人崇拜,與國內畫面,何其相像,對文化大革命的評價,也因此並不一面倒而心中存疑,老覺得有什麼地方不對勁。直到有一天,整個事情有了驚人的戲劇性發展,事情(即對文革的看法)終於一下子就決定了。

記憶中是1968年的夏天,就讀的比京大學學生餐廳地下室由左派學生團體聯合舉辦了一場以反戰為主題的大型展覽,就像廣場的趕集一般,熙來攘往,人潮洶湧,而展出的物品也五花八門,應有盡有。尤其是數月前在巴黎,學生才成功地與工人聯合,將戴高樂總統的內閣逼垮。因此,展場、餐廳,人人喜形於色,意氣風發。當日中午(確切日期記不得了)我們幾位台灣來的留學生正在餐廳用餐,這是我們每週固定的餐會,主要目的是將住在比京的同學們邀集起來,說說國語、河洛語,相互鼓勵並解鄉愁,偶而魯汶的同學進城時也會一道參加。當日出席的,記得有學核能的劉海北博士(在台),學政治的蔡政文博士(在台),學心理的朱本明博士(在美),而時常「串門子」的尚教授文彬(在義),

就記不得他當日是否出席（一位學音樂的袁女同學和兩位學
畫的袁、席女同學，在當時「男女授受不親」的大環境下，
從未獲邀出席。如在今日，這幾位男同學準被婦運健將活活
罵死，而當時全體在比京的留學生，連我總共也不過九位而
已）。餐後，雖有展覽在側，大家還是分道揚鑣，各自散
去，沒有人提議去參觀一下。爾後萬一不小心事情傳開，一
道參觀左派辦的展覽，回台之路一定會險阻重重的。可是我
按耐不住好奇心，覷個空，我一個人還是偷偷溜進展覽場。
好一個熱鬧的「革命」場所！「巡視」一番後，當場我買了
一把割信封用的小刀，是越共用打下來的美軍飛機殘骸做
的，當然具有非凡的紀念價值。當場我也買了久仰和夢寐以
求的小紅書—毛語錄（法語版）。在中共的國際宣傳上，在
我們校內辦的例如韓素英女士的演講會上，這本小紅書，被
形容為能治百病，打通任督兩脈，並讓人進入忘我、無我，
超凡入聖的小天書。小紅書在手，我也就一溜煙地趕回家，
一路上深怕別人看到我上展覽場，更怕被人知道，我懷裡藏
著一本「天書」。就這樣，一路躲躲閃閃地回家。一到家，
興奮地拿出小紅書迅速翻閱，心中之虔誠、緊張和興奮，簡
直非筆墨所能形容。

翻閱了幾頁，又將那些語錄在心裡翻譯成中文，再最後細
細咀嚼一番，不禁哈哈大笑起來，眼淚都笑出來了。

小天書，這根本是騙人的玩意兒。

　　國內當兵時部隊發給每位官兵讀的「蔣總統嘉言錄」也比這本小天書高明。至少在嘉言錄裡，一個個個案都比較清楚地交代或介紹，因此你知道具體讀了些什麼。這本小紅書只是一些簡短的句子。「哲學」意味頗深，但根本沒有操作上的意義（Operational meaning）。譬如類似「生我是娘，養我是黨」、「不忘階級苦，牢記血淚仇」等，根本是勵志的句子。看這些，不如看讀者文摘的文章有用多了。說這些毛語錄可以治百病，可以發生「愚公移山」的功效，打死我也不相信。我在房間裡像瘋子一樣大笑。我終於搞懂了，中國歷代的這些皇帝領袖，個個是大騙子，姓毛的更是一等一的大騙子。都在為個人的權勢搞個人崇拜，從今以後，我與文化大革命絕緣。1987、1990我兩度去中國遊歷考察，在塞北熱河，塞外的河套甚至目睹古文物、古剎也難逃文革的摧殘。從此，我再不踏入這塊嗚咽的傷心地。

　　我與文革過去只是擦身而過，至今只記得小紅書裡面一句話，還說得挺有道理：「灰塵是不會自動跑掉的，必須拿掃把掃它」（大意如此，當年整句法文句子，記不起來了）。灰塵，當然要掃掉，房子才會乾淨，舒適。灰塵指的是劉少奇，指的是現行反革命份子，灰塵指的是那些牛鬼蛇神，當然要掃掉，要掃得乾乾淨淨。啊！十年浩劫，就是這樣來的。紅小將侮辱你，打你，甚至殺你，你都要忍受，因為他們是奉了毛主席的天書，是為了美麗的未來行事的。你是灰

塵，你就乖乖被掃走吧！我也明白了，台灣在胡溫眼中，就是灰塵，一定要被掃掉。我同時也明白了，掃來掃去，掃到最後，大家都是灰塵，彼此互掃，誰挺到最後，誰就贏了。不是嗎？「偉大」的列寧不是曾經說過：「誰笑在最後，誰笑得最好」。

（登載於瑞士僑訊第十一期／2006年5月）

>>>> 老毛又紅了

一、前言

日前，前老毛秘書李銳老先生接受瑞士時代日報（Le Temps）駐北京記者Koller的專訪（全文請見2006年9月8日第3頁），談到他個人對老毛一生功過的看法。個人深覺有意思，也想呼應一下，漫談個人對老毛、對共產中國和對老革命的一點想法，野人獻曝一番，見笑了！

李老先生提出他個人對老毛一生功過的三點看法：

1. 革命成功（réussite dans la révolution）
2. 掌權時犯了大錯（très grandes erreurs au pouvoir）
3. 犯上文革的滔天大罪（crimes lors de la Révolution culturelle）

本人只針對李老先生的第一點結論表示回應；至於他所說的第二及第三點，大家看法一致，也就不需申論。

二、分析

首先要探討的是老毛搞造反（即武裝叛亂，發動內戰，建立政權）還是搞革命。我們簡單地以法文字典Larousse 2001年版的對革命的定義轉載一下，而後根據此一定義來檢視老毛的「革命」。

Larousse的革命定義有2條，其一為"reneversement brusque et violent d´une régine politique, qui amène de profondes transformations dans les institutions d´une nation.。意思是說：以猝然和暴力推翻政權，並對該國之制度帶來深遠的轉變。其次Larousse的第二條原文為「Changement important dans l'ordre économique, social, moral d'une société」簡單譯為對舊社會的經濟、社會和道德體系的重大改變。總之，革命一詞的概念就是除舊佈新，不然，根本就是改朝換代，或造反成功。因此，我們可以說中國數千年的歷史，從不稱之為革命，只不過是大帝國內部的皇帝（政權）換人做做看。申言之，從始皇帝統一天下以來，中國的社會、經濟和政體甚至文化，說穿了，原地打轉而已。以個人見解，宋朝已達王朝文化和農業文明的最高峰，明清不過狗尾續貂。過去的中國只有造反，沒有革命。有的話，只有推翻滿清皇朝的國民革命才算。因為政體由一家一姓的專制皇朝改為共和，教育也整個改了。我們檢視一下老毛的革命：

1. 倒舊社會，建立新社會這一項勉強符合革命的定義。但舊社會具有生產力的士農工商大體上都被清算掉了，代之而起的是具共黨身份的知識份子如李老先生之類的年輕人和地痞流氓。

2. 打倒奄奄一息的舊政權——中華民國（共和國），再以人民民主專政（共黨一黨專政）取代。換言之，革命的結果，新政權比舊政權還要專制。迄今「革命」六十年，專制如故。在這一點上，我們以為援引上述除舊佈新的意義整個喪失，新的共產政權，其專制的程度比起歷代皇朝更是變本加厲；同時此一共產專政在老毛的獨夫統治下死了八千萬人民。這一點，算不算革命？

3. 在打倒舊思想與價值體系方面，「建國」初期以外來的馬列共產鬥爭體系替代幾千年來代代相傳的傳統和國民革命所帶來的共和，這一項好像又符合革命的定義。不過，事隔半世紀，新的馬列價值體系又被拋棄，舊社會的「吃人禮教」、「人剝削人」的初階資本主義「借屍還魂」，歷代的專制皇朝制度更是被強化，這是哪門子的革命？

4. 革命之前，通常此一社會在精神人文領域內早已醞釀一段時期，而後猝然爆發，Larosse的定義中才會拈出brusque此一形容詞。證諸1793年的法國大革命，甚至法國1830、1848年的社會動盪，和1912年孫中山的國

民革命都可以稱之為革命。1917年俄國的布爾雪維克奪權也可以稱之為革命，只不過在1990年後此一革命以失敗和鬧劇告終。如前言，老毛長期持續武裝獨立，搞分裂，算不算猝然？

三、結論

所以1949年的中國共產政權在中國大陸上建立，到底算不算革命成功，令人懷疑。因為老毛早在抗戰前即建立蘇維埃政權公然武裝叛亂，其後在八年的抗戰中，又大肆招兵買馬，最後一舉奪得中國大陸。但老政權不僅未被消滅，反而在台灣混得挺不錯。這到底是革命成功，還是造反勝利？如果是革命成功，何需對舊政權的台灣趕盡殺絕？就是因為沒成功，才會「革命尚未成功，同志仍須努力」，到了第四代領導班子，仍然對台灣猛下毒手。

其次，革命所帶來的新理念在1978年後早已揚棄；在文革之後，這個社會比起舊的社會更加不如，至少舊社會，即老蔣的社會，仍保有舊傳統，四維八德仍然在支撐著連年征伐和內戰的老舊社會。而今的共產社會已沒了四維八德，也不提辯證唯物。這個「新社會」到底以何種價值體系支撐？難道除了胡謅出來的中華民族主義外，是以老江的「三個代表」，或竟是以胡哥的八榮八辱做中國人新的心靈重建？

　　總之，老毛的叛亂成功，算不算革命成功，老毛胡天胡地地胡搞，算不算革命，這些都存在著不同的見解。進一步而言，對老毛維持大一統的功勞，李老先生和幾乎全體的「中國知識份子」都予以高度肯定。

　　這就是說，維持大一統，乃是大功一件，因此在大一統的現狀下，殺人或殘害人權都只是遺憾之事而已。民族主義荼毒「中國知識份子」的心靈，竟至此一地步。做為一個有著理性和良心的人，當然會將人權之保障和人民福祉之提升，高置於國土統一之上。大一統的論調，依本人看來，根本就是帝國主義者的主張。更何況，中國迄今仍是大帝國，仍然不是一個民族國家（Nation-State）。孫中山的興中會，只指出「驅逐韃虜」，沒人提到「中華民族」。中華民族的神話，根本是在清末民初時創造出來的。天可憐見，迄今中國的海外民運人士仍然脫離不了大一統幽靈的荼毒，竟然認為帝國領土的完整高於人權和人類的尊嚴，這些人士可真是帝國主義者或「一統教」的忠實教徒！個人總結認為，李老先生非得一口咬定老毛的革命大成功（La révolution fut une victoire）和建國有理不可。不然年輕時的理想就整個崩解了。年輕誤上賊船，老年又被「鍾愛的政體」囚禁，顯然一生都交白卷，真是情何以堪。

　　最近老毛又紅起來，這到底是人民對他的懷念，還是共黨內部左派殘餘勢力的反撲，還是市場機制下的廣告造勢，真

令人感到好奇。如此雙手沾滿血腥的混世大魔王（希特勒、史達林兩魔在為惡程度上遠遠不如老毛），竟然還有人「懷念」，共產中國愚民手段之高，就更令人毛骨悚然了！

（登載於瑞士僑訊第十二期／2006年9月）

>>>>> 漢字再探

一、前言

　　最近中國趁著全球興起的中國熱，大舉在世界各地廣設孔子學院教授中文（或漢字漢語），引起以正體漢字為教學的各地中文學校一片恐慌。而台灣的僑委會更是緊張，深怕海外僑教市場失陷。有些中文教授和教師，更是害怕堂堂的正體漢字被邊緣化，對不起歷史的付託。另有一些人士則大罵中國共產黨政權喪心病狂。他們痛心疾首，訴說孔子早在五四前後，在中國共產黨「打倒孔家店」的運動中被打得遍體鱗傷，而後在六、七十年代的文化大革命中，更是被打得屍骨無存。在這種情況下，孔子竟然被抬出來「創立」學院。這些人士可說已到了傷心欲絕，恨不得「與敵偕亡」的地步。

二、本源

其實，以小民看來，以上的觀點，都太悲觀。正體字本來就應該「與時推移」，不斷演進，何必「抱殘守缺」，「故步自封」。不錯，中國目前施行的簡體字，是在「打倒孔家店」的情境下，倉促搞出來的，大體上大量擷取民間流行的草字（草書中的形體字，如衛生的衛，寫成卫）、俗字和不依漢字造字原理所搞出的新字（漢字講究四平八穩，中正規矩，譬如簡體字系統將生產的產字改為产，裡面空空，如何生產？簡直胡鬧）。

如今這些不入流的簡體字，竟然挾著豐富資金和到處林立的孔子學院，猖狂起來。如此劣幣驅逐良幣，積非成是，如何讓人不急。果而，一些人士的憂心忡忡，到也非杞人憂天。

依小民不成熟的見解，在音標方面，不管是羅馬字的拼音音標或漢字音標；在文字方面，不管是正體字或簡體字，其實都是台灣方面的傳統正體字佔上風的。譬如台灣的教育部本來就應該設立一套可風行國際的漢字認證制度，規定級別，小學畢業應當幾級，高中要達哪一級才可畢業，否則重考或重修。在不同的級別中，譬如A下級則必須也要兼懂簡體字，如此不就解決看不懂簡體字的問題了？

「由正入簡易，由簡入正難」，學會正體字到某一程度，只要稍微留意（上三小時的課吧！）大概就差不多可以駕馭

簡體字了。相反的，拿了簡體字認證最高級別，我看要花上一個月的時間，都不太可能把正體字搞通。同樣的道理，學會漢字音標的ㄅㄆㄇㄈ，只要上過英文的人，拿起羅馬（拉丁）拼音音標和漢字音標對照表，稍微用功一點，也就會操作了。原因還是和上面一樣，「由漢入拉易，由拉入漢難」。邪不勝正嘛！學正體字的老師們，免驚！

三、生死

再依小民看來，漢字如果有著生死存亡的問題的話，絕對不在以上的正簡漢拉之爭，而是在漢字本身造字功能的喪失，這才是真正的問題。過去雖然有過以部首為主的各種「化學原子元素」的創造，其實，筆畫太多，繁瑣不堪，這才真叫繁體字，煩死人。米厘（公分）、鋰、鉝，是什麼東西，怎麼發音，你可知道？這些字，也早已打入字典，聊備一格。

面對標音文字的造字genetic體質，漢字必須有所因應，不然漢字終究是一種歷史文獻上的死文字，現代和後代的人也就無法從漢字中獲取新知。從語言社會學的學理上來看，詞彙的豐富和精準與否，關係到大腦的演進和人類科學與文明的進步；華人一向溝通不良，詞不達意，甚至思路不清，是否與漢字之停滯和詞彙之稀少有關，乃是一大有趣的問題。

　　最嚴重的一點是有關抽象的概念，目前的漢字表達方式就整個失焦，甚至扭曲原意（概念）了。這在人文、哲學、宗教方面是如此，在科學方面亦然。隨手拈來幾個字，再清楚說明一下。譬如最簡單的rights此一概念，當年民初的法學前輩，偷懶之餘，竟以彆腳的日本譯文直接拿來使用。殊不知權利兩個字，在中文裡並不是「好」字。權與權力放在一起，大部份只爭權；利字，更糟，指的是利益。如此攸關法學思潮的關鍵概念竟然在漢學方面由爭權奪利中的權和利兩個字組成，怪不得在中國是人權（human rights）蕩然；而在台灣的媒體，更是經常不知何謂隱私權，而將人們的隱私加以踐踏。我們為何不直接借用音標，讓大家一看就知道是外來字呢？再如gnosticism，字典翻譯的是諾斯替教，如果不附上原文，在一般漢字望文生義的作用之下，我們怎麼知道諾斯替教是什麼？可能以為當年雷根時期的諾斯中校怎麼了。十年前，個人曾在在台北的新新聞發表過一篇文章，主張只要將漢字音標（ㄅㄆㄇㄈ）直接使用在外來專有概念，地名、人名等上面，就大概能解決漢字停滯和漢字系統新生的問題。換言之，十年前個人主張漢字韓（國）化，將ㄅㄆㄇㄈ依一套「生字原則」，排列組合成方塊字。這就是說外來語以方塊字呈現，如此漢字將可生生不息。

　　事過十年，個人略有「長進」。如今提出的活化和搶救漢字的方法，改為漢字倭化，即直接以漢字音標和四聲符號表

示即可，不必再拼設組裝。譬如說美國總統ㄎㄜ ㄌㄧㄣ ㄉㄨㄣㄣㄟ是一位見色忘友的人。此一句中，Clinton以注音符號表示，一目了然。如此，數百年之後，學漢字的人士才不會又望文生義，看到柯林頓此一名字，就認為華人在二十世紀末已經當上美國總統。各位讀者，這不是說笑，在種族主義高漲的中國，這是極可能發生的事。一統世界，這是民族主義者最高的目的。老實說，以漢字音標入字，還有另外一個功能，那就是呈現在書面或銀幕上，可以清新一點，不必像目前的正體字，全體呈現密密麻麻，眼睛都看花了；更不像目前的簡體字，整體看來，有如漢字屍骸遍地，慘不忍睹，眼雖不花，腦卻開花。

四、正辦

教育部公佈的常用漢字才不過三千三百多個字，整理起來應該不難。如何將全部漢字再有系統地全盤整理，該簡化就簡化，該改正就改正，該倭化就倭化，不然，漢字終究只是某一個種族使用的文字，是一個地方上的文字，也是一種無法吸收新知的古老文字；不客氣地說，美則美矣，卻越學越與世界脫節，因為不能以客觀、中立方式鑄造新字（概念）。現有的文字不斷被當作音標使用在各種新的概念上，久而久之，字意大混淆，說漢語者不成為精神失常者幾希？

　　十年前，小民向當時的台灣教育部當局呼籲，趕快在教育部轄下設立國語研究所搶救漢字，可是迄今毫無反應，當時的部長大概忙著在島內廣設大學。如今新的杜部長乃學貫中西，精通古籍的歷史學者，理當具有鑑古知今、繼往開來的精神和學養，可以開始正式面對這個漢字的生死存亡的問題了吧！至於正簡漢拉，小事一樁，只要正體字檢證制度一建立，財務健全一點，大家努力一點，「簡拉孔子族」，也只能望風披靡了！

　　　　　　　（登載於瑞士僑訊第十二期／2006年9月）

帝國幽靈

　　因為職責所在，常與一些西方知識份子、外交官和政府官員（特別是屬於財經部門的官員）打交道。針對中、台之間的糾葛交錯，大抵有兩大議題是上述西方人士所不太瞭解或認為不可思議的，個人這幾年來的工作經驗也驗證了此一事實。

　　第一個問題主要集中在中、台兩國幾乎水乳交融的經濟合作方面。台灣是中國目前繁榮經濟的第二大投資國，據說投資的金額高達一千五百億美金以上，僅次於由香港和其他地區華人的整體投資，如此緊密的經濟合作，何以中、台兩國不能進一步從事政治和外交的談判，進而政治和解並合作？再者，十餘年來兩國的政治合作無法順利展開，何以台灣的企業家，投資客卻甘冒危險，一批批地撲往中國，難道台灣商人不怕到頭來，血本無歸，被掃地出門？西方人士的結論是中國（華）人是不可思議的民族，從事著不可思議的交往。

　　第二個議題則集中在政治方面。西方人士無法理解，既然中國口口聲聲宣稱台灣自古即屬中國（當然這是口號，胡

說八道），兩地一家親，根本同屬一個民族（所謂的炎黃子
孫），何以中國處處打壓台灣的國際生存空間？既然同屬一
個「民族」，何以在所有國際組織（包括只涉及醫療健康的
世界衛生組織）中國下手更見狠毒？何以中國口稱兄弟，下
手卻如打殺不共戴天的寇讎？西方人士的第二個結論則是中
國人行事作風，實在不合常理，有異常人，令人無法理解。
總之，西方人士不瞭解，中、台既然如中國所宣稱的是一家
人，何以不從經濟合作進而達成政治合作；既然是一家人，
何以要把台灣置於死地？依西方人士看來，既然已分開百
年，為何不「遷就」事實，各自又獨立又合作；如同奧地利
與德國在二戰後雙方幡然大悟，各自分開從而多方面合作？
面對西方人士的困惑，我個人的回答如下，希望讀者諸君指
教。先針對第二點（即，大家不是兄弟一家親嗎？何以下此
重手，絕情如此？）談談。

　　個人以為，國民黨雖然在1912年推翻前近代建立的滿清皇
朝，但近百年來（不管是國民黨或共產黨統治）中國只換了
名字，骨子裡仍然是一個不折不扣的帝國。民國云云，共和
國云云，文化上，政治上，根本還不是人民當家作主，仍然
是一黨專政，與以往的帝國絲毫沒有兩樣。在這種情況下，
目前共產中國的政府與人民之間，仍然只是臣民（subject）與
君主的隸屬關係。升斗小民，是來為帝國服務，來為帝國犧
牲的。帝國當然指的就是當今中國共產黨的領導班子。什麼

自由、人權，絕對聽不進去，因此帝國內，只有主奴之分而沒有人人平等的概念。

在今日中國的眼中，維護一黨的專政帝國體制才是正辦。致力於富國強兵，乃是帝國順理成章應該做的「偉業」。人民的福祉不是重點，打擊冥頑不靈，與「美日帝國主義」勾結的台灣，更是責無旁貸的工作。抑制台灣，老實說，除了抬高中國在國際間的氣勢外，尚具有殺雞儆猴的作用，讓中國境內的少數民族，乖乖沐浴在帝國的「春暉」之中而不敢蠢動。

個人只有從深層文化上來分析，少談平等（人人生而平等，投票時，票票等值的民主觀念），才有辦法解釋中國政府在體制上仍然施行主奴的一黨專政、對待台灣人民的態度，以及其行事時言行不一、形同土匪的作風。說穿了，這些土共，不過是梁山泊好漢的現代翻版而已；難聽一點地說，根本是黃巢，李自成，張獻忠之流的流寇。1949年得了中國大陸之後，頂多追踵太平天國而已。

其次，針對台灣商人前仆後繼地趕往中國「卡位」或「發財」的現象，我個人的見解是，台灣商人錯把中國當做世界，以為投資中國，就是「走出去」與世界接軌。台灣商人有種往開發中的中國跑，卻無膽往先進國家投資，這其中當然有著許許多多的原因和無奈。台灣的經濟實力和生產競爭力不如G8，當然是原因之一；然而另一方面，卻誤以為經濟

繁榮的中國終究逐漸會在政治上走上開放和民主，這種天真和無知，一如西方那些無視各國建國精神和普世價值而急於與中國打交道的領袖，如施洛德（德國），席哈克（法國）之流，令人悲嘆！

近日美日智庫就中、台兩國十年來的過招有著如下的看法：「北京對台政策」堪稱成功，並進一步採取身段更軟，手段更硬的統戰作法，持續對台灣施壓。換言之，持續打壓台灣之國際生存空間；持續提高兩國經貿互賴，儘可能使台灣內部政治保持分裂。

中、台問題可有解？這也是西方知識份子最喜歡發問的問題。我個人的回答是：當然有解！人間世的問題通通有解，關鍵所在是雙方的政治領導班子要不要有解。在中、台的例子裡，台灣要堅持以和平、耐心和愛心以時間解決一切。蘇俄共產黨也不過撐了七十二年，中國共產黨能撐得過一百年？這是台灣方面的優勢。

因此，冀望海外的中國人多爭氣一點，多文明一點，好把自由民主，富而好禮的精神帶回中國。

冀望中國大陸內部的人民，學習自治、自立、自尊，將區域經濟區塊和政治區塊結合起來，要求北京走上聯邦制度，以免大難來時，再度鬧軍閥混戰，再次以武力統一中國。也冀望中國知識份子重拾良知，多替人民講話，少為權貴統治階級服務。最後冀望北京的領導班子，球在你們手中，不要

為了權位，愚民殘民，把中國弄得烏煙瘴氣大出洋相，貽笑
國際。

「天道好還」這個春秋時期的名言，可聽過？

（登載於瑞士僑訊第十三期／2006年12月）

>>>>>

過河卒子，騎虎難下

　　今年元月中旬，中國使用地面發射的中程導彈，摧毀了在地球上空三十七哩軌道運行的自家老舊氣象衛星——風雲一號C。此舉震驚了全世界，顯示中國近二十年來的軍事發展有了具體的成果，也驗證了中國的的確確走上了軍事擴張的道路。此一舉動顯然向美國示威，同時也滿足了民族主義者的期盼，中國真的站起來了，愛國High到了極點。

　　不過，此一顆導彈，卻也點出了中國正步入死亡之路，進入不容易回頭的死亡之旅。其實以中國的基本體制來做個深入的分析和推演，任何人都可以印證上述的悲慘結論。

　　老毛時代的中國體制，根本上與中國歷代的帝國專制體制沒兩樣，只是由於老毛胡搞，才把中國搞得一窮二白，神州變煉獄。1978年老鄧上台，仍然玩老把戲。說穿了，就是在專制體制下，以資本主義的市場取代共產主義的計劃經濟而已，骨子裡，中國仍然是一個不折不扣的專制帝國。由於開放人民的活力，於是整個經濟和社會注入活水，全國活起來，如此而已。這一套高幹權貴趁機仗勢發財的經濟制度，中國人自己取名為社會主義初階發展制度，而西方世界的蛋

頭則取名為初階資本主義制度。總之，黨國權貴與世界各地資本家雙方一拍即合，進行大肆開發，拼命掠奪的經濟制度，美其名曰配合全球化發展。實際上，此一經濟制度，根本不能以今日成熟的資本主義制度來美化。進入江澤民王朝[註1]，中國大致上已確立立基於以下三大支柱上。一是共黨的一黨專制，這是死也要保住的堅持；其次就是在一黨專制下的經濟開放、發展和加入全球市場；第三個支柱則是仰仗民族主義和愛國主義（也可以合稱為中國的榮光National Pride）來支撐中國人的心靈。

從元月的導彈發射、中國市場成為世界工廠，和胡溫頻頻出訪等現象看來，此一共產治國體制，無疑地可說已達到了預期階段。然而月滿則虧，這三個支柱剛好是致命的結合。以上述所謂的資本主義經濟制度為例，此一制度從體制上必然會衍生出：

　　a1. 貧富的對立。如今中國的富者，百分之九十以上必然有著黨政的背景或關係，大富則必然是高幹子弟（太子黨）。因此此一對立，是天生的對立。富者同時是統治階級也是壓迫階級，貧者必然是被統治階級、被壓迫階級，從而翻身的機會就看你的造化！

　　a2. 全面掠奪式的開發，結果是環境破壞和文化的墮落。譬如少林和尚四處賣藝，全球廣設孔子學院。以無宗教自由的國度，大做和尚的買賣；把已經被輾成灰泥

的孔老先生，拖出來當招牌賣錢，這只能以心靈墮落來形容了。

a3. 第三個衍生的問題，即價值體系的整個被扭曲，喪風敗俗，人心敗壞。在中國已很少講禮義廉恥，只講實力，只講關係，只講買賣，已經很難嗅到人味兒，幾乎是一個活生生的牲畜市場。

在第二支柱b方面，眾所皆知，在一家一姓專政的中國歷代專制體制下，必然會衍生出：

b1. 政權的不穩。軍心的叛變或民間的起義以致王朝滅亡乃是常軌。中國歷史三千年（或五千年），每兩三百年就來個翻天覆地，殺人成河，改朝換代可為明證。

b2. 思想的禁錮。古代中國還可以搞東西廠和文字獄來「純正」思想，今日的胡溫則是嚴格控制資訊同時廣設三萬名網路警察。

b3. 階級的對立。此即少數統治階級與廣大被統治階級的必然宿命。

第三支柱C方面：

中國共產黨在1949年取得政權後，先是全面投靠蘇共，唱起國際歌，有模有樣。此不得已也，沒有蘇共，就沒有中共，這也是眾所周知的歷史。在六〇年代與蘇共鬧翻後，中

共就全面以民族主義和愛國主義取代國際共產主義來指導一黨的專制了。可笑的是，中國的民族主義是沒有了傳統的民族主義，而愛國主義更是不斷從事造神運動的愛國主義^{（註2）}。目前胡主席能不能成為正神，就看十七大能不能把目前還沒上西天的江神給料理了。在這種可笑和謬誤的主義下，果不其然，全國衍生出以下三個狀況。

首先，是中國人自鴉片戰爭後開始發作的：

   c1. 集體自戀狂，終於如火如荼地展現出來；其次也衍生出為了美化中國共產黨政權的正當性，全力→

   c2. 竄改歷史。因此中華民國的存在，必須勾銷抹去。台灣，更必須趕盡殺絕，在死無對證下，才方便將歷史大改特改。君不見，中國共產黨領導抗日，八年浴血苦戰的謊言已經快改寫完成了。接下來就要胡說黃埔軍校是他們創立和管理的，當然北伐也是共產黨一手主導和進行，以及台灣自古隸屬中國等等無聊的謊言。第三個衍生的問題自然就落在成千上萬受騙的人民頭上，在錯誤的歷史和誤導的宣傳下，人人成了→

   c3. 義和團團員，為「祖國」甘冒敵人絕大的炮火奮勇前進。

如果我們將以上三個支柱以初階資本主義經濟制度為a，一黨專政為b，祖國榮光為c，來一次交叉分析，可以更清晰地看出中國的未來：

a 初階資本主義經濟制度衍生出→ a1.貧富對立

a2.掠奪開發

a3.人心敗壞

b 一黨專政衍生出→ b1.政權不穩

b2.思想禁錮

b3.階級對立

c 祖國榮光→ c1.集體自戀

c2.沐猴而冠

c3.義和團化

簡單分析的結果如下：

項目	內容→	結果
A	a+b→	階級對立
B	b+c→	軍力擴張
C	a+c→	社會沉淪

- 為了A不至於惡化，則BC必須大力推動，不得已則將3S文化政策麻痺全國[註3]。
- 為了B不致引起眾怒，就不得不高唱和平崛起和強化全球的輿論控制。
- 為了C的美好和進步中國必須加強B而減少A（如胡主席提出的和諧社會）。

中國的未來，端看此一專制體制是否得以存續，而專制體制是否可以存續，端看C是否可以好好經營。然而談何容

易。如今中國的一黨專政就像騎在虎背上（老虎指初階資本主義經濟制度）的混混。精彩的是這隻老虎生有兩翼，左翼為民族主義，右翼為愛國主義，騰雲駕霧，好不快活，可是速度太快下不來，而且不明方向（註4）。眾所周知，「市場經濟」一旦發動，就無法再退回過去未開放前的時代了。在前途不明的狀況下，北京只好讓老虎亂竄加速飛奔，反正也駕馭不了。於是乎，阿Q精神來了，反正「船到橋頭自然直」，大不了，打一仗，為祖國榮光而死。這恐怕就是今日中國的寫照。當然，有人會質疑，難道中國不會針對三大體制（支柱）對症下藥？我個人的分析是不可能，時間上也來不及，大家就等著看中國一步步步上可能的浩劫吧！

具體地說，現代國家針對中國所面臨的體制，早就有了答案。譬如面對放肆的黨國權貴式經濟成長，唯有輔之以社會安全（福利）制度。不幸的是，顯然中國需要這筆錢去搞軍事和經濟開發，而不是社會福利（註5）。其次，面對一黨專政，依人類經驗，要以民主法治來治理，說來簡單，但對中國而言，已經遲了，過程太過浩大，危險度特高，派系又擺不平。在穩定壓倒一切的前提下，一動不如一靜，因此政改無望，本質上的無望。再其次，有關民族主義和愛國主義方面，只要代之以國際主義和非暴力主義就行了。可惜，對中國來說，還是不行。好不容易，「正確歷史」已經快寫好了，怎麼改回去？

　　槍桿子出政權是中共歷史的鐵律，如今要改成和平主義、非暴力主義，那不是全盤否定自己共產政權的存在嗎？就這樣，再猛的藥對今日的中國都沒有作用。我們就睜大眼睛去看中國如何在虎背上奔馳吧！是顛簸？是消遙？不出二十年，結果就揭曉了。

註1：資本主義的三大支柱為私有財產制、公平競爭制和工會主義；而挽救資本主義市場機制之缺失則首先必須仰仗社會安全制度，在企業方面則依賴良好治理（good governance）等機制。
註2：中國的愛國主義也可以稱之為即溶，不斷變化的（Instant）愛國主義，北京政府可以因地、因人、因事件之重要性等因素，隨時改變愛國主義的內涵、語氣、重點和面貌。造神愛黨是愛國主義的基本調子。
註3：3S指的是Sport，Star和Sex，這是極權國家（左右皆然）和腐敗的資本主義國家所喜歡玩的一套把戲；3S充斥媒體，人民自然沒有閒工夫思考大問題了。譬如我是誰？為什麼胡某某可以幹上國家主席，他的八字比我好？為什麼上海幫的共幹個個升天？為什麼不能有宗教自由，結社自由？什麼時候中國可以建立民主政治？中國一定要統一在一黨專制之下？中國分成幾個不是更令人民有所選擇嗎？國家是為了各個人民而存在，還是各個人民為國家而存在？……等等大問題。
註4：中國的發展，除了經濟上翻幾翻做做樣子以外，到底北京的領導班子要把中國帶到哪裡去，遠景如何？大概是坐上世界霸主寶座，恢復祖國榮光吧！
註5：目前中國，生產當然比分配重要。注重分配正義的共產主義（大家一道吃大鍋飯主義），早已扔進茅屎坑了。

（登載於瑞士僑訊第十四期／2007年2月）

>>>>>

出埃及記

一、前言

　　去年的耶誕假日，我帶著朝聖的心情，背著背包，專程前往心儀已久的埃及。行前約略知道，此一國家在進入現代（十八世紀）之後，多災多難，朝代更換，戰爭頻仍。隔一段時間，就發生綁架或殺害觀光客的事件。因此，行前也預訂了四星和五星級的大飯店，以策安全。個人膽敢隻身前往，主要的是數十年來，一向以背包客身份周遊各地；再者，考察風土人情，了解人間社會，這也正是我這個學社會學的人所喜愛的旅遊方式，於是興沖沖隻身上路。

　　大出意料，這一趟埃及行，恐怖萬分，又大開眼界，感覺上是度日如年，最後一幕是倉皇逃離。此一慘痛經歷，當然只是我個人的九日經歷，恐怕犯了以偏概全的誤謬。我不想誤導讀者諸君諸姝，不過，我的個人遊歷裡所看到的埃及人間世，全然不是電影或廣告宣達的那麼一回事。此一經歷，

個人覺得應提出來，至少不要再有第二個二愣子，孤身萬里遊，逃遁如喪家之犬。

二、經驗分享

　　個人去年12月20日抵達開羅，24、25及26日乘火車去亞歷山大港拜訪埃及豔后柯里歐巴翠的故居，在26日下午返回開羅。直到28日下午四時倉皇逃離為止，共八夜九日。老實說，每日都出「狀況」。27、28兩日我幾乎足不出戶，躲在五星的Sheraton。不幸的是，不愉快的事照樣發生，甚至臨Check-out時也發生。Sheraton的會計十二時整，二話不說封了帳戶和房門，逼迫我在飯店的午餐要付現金給小費；房門重鎖，可能要逼我再給點小費。我預定下午一時Check-out，這可是我26日住宿時就說定了的。連五星的都如此可惡，這趟埃及行之恐怖，就可想而知了，閒話少說，言歸正傳。

　　首先，我發覺觀光客與一般埃及人民儼然被劃分為兩個不同的種類（Catagory）。嚴格地以We-group mentality將觀光客歸類為肥羊、凱子和腰纏萬貫的商賈。因此在幾乎所有名勝古蹟的門票上，都區分兩種價格。當然，觀光客的門票要貴上一半以上（有錢的觀光客，多花點錢，此乃分配的正義），是明的要分你的錢。只要白紙黑字寫明，事先講好事後不悔約，那也就算了；另一種是你看不見的「分配的正

義」，那才可怕。幾乎所有與觀光產業沾上邊的人都要伸手要你給點小費，打點一下，以全朋友道義，有難同當，有福同享。

這些花招計有：

1. 以熱心人身份主動或被動答覆你的詢問。這些詢問內容不外是我們在××街？××博物館在哪個方向，走路過去要幾分鐘？Moburak中央火車站在哪裡等等。

2. 以好學者身份主動與你搭訕，說要學英語，然後非常熱心地帶你去他的××的藝品店。你不去？怎麼，你想在路上拉扯嗎？

3. 指點路徑，當然連帶走幾步路，於是手就伸出來了。你想在大馬路上爭吵嗎？臉皮薄的，不想囉唆耗時間的……就只好出錢打發了事。

4. 和風細雨式交談，當然也請你通財一下，好朋友嘛！

5. 金剛怒目式。對方一群人看你孤家寡人，於是起鬨要與你談一下，不去，對方臉色就難看了。

6. 至於孤單的遊客會不會就因此在人多勢眾、月黑風高情況下被做了（被搶、被揍或被殺）？由於個人天一入黑，膽小不走夜路，因此無法回答。不過揆諸有著五千年歷史的文明古國，可以將一船的遊客在武警和當地惡棍合作下給做掉的史實，有著六千年大名的古國，手段該更毒辣。埃及每過一兩年就發生外國觀光客被擄、被

殺的大事件；落單的遊客失蹤一兩個，想來並非不合邏
輯的推論。

7. 童叟亦然，朝觀光客猛下「毒手」。在Giza金字塔前
碰到一位老翁，衣服入時，見面就笑嘻嘻歡迎你來
觀光，接著就送你阿拉伯頭巾和頭巾圈，說要給你
遮遮陽光。如果沒有以下的伸手動作，任何人都會
感激涕澪，因為，終於，碰到一個善良的老人了。

另外，我在亞歷山大港最熱鬧的街道上買食物，想不到居
然有一個學生模樣，十來歲左右的童子見義勇為，出來替我
翻譯，「年輕人真正是人類的希望」，我當時感慨萬千（當
然是positive的）。不料，離開那店鋪十公尺左右，那位年輕
人就追上來了。開口就是三十磅（一歐元等於七個埃及幣，
一位埃及大學教授月薪也不過約月入二千磅），當然在「友
好」的討價還價下，以五磅感謝金「成交」。此一事件對個
人打擊甚大，這也說明我26日傍晚從亞歷山大港回開羅後，
「閉門不問窗外事，一心只讀聖賢書」，對埃及失望透頂。

其餘的通財手法，也就不一一細表了。總之，有著六千
年文明的古國，手法細膩，不是用群蚊螫牛式，一窩蜂而上
的老套手法，如1970年前的台灣，或如今的中國，一下遊覽
車，小販蜂擁而上。埃及古國遺民用的是化整為零的手段，
各個擊破。此一程序大致如下：

(1) 笑臉迎人，俾使親近。首先用日語寒暄，發覺來客不是日本人，即刻道歉，並追問哪一國人。

(2) 當你說是台灣人時，對方馬上一臉崇敬，直說台灣是個好地方、好國家，我們都是好朋友，以拉近距離（從此，稱呼上就以好朋友取代一切客套稱謂）。

(3) 鬼扯一陣後，點入正題。半強半推帶你去藝品店等，反正帶你去花錢行善的地方，然後狠狠敲你一筆。希望你了解朋友有通財之義，請你伸出奶油桂花手，發揮一點惻隱之心，稍微幫助一下，如此皆大歡喜，友誼永固。當然可憐的觀光客則由花錢行善變成花錢消災；友誼永固變成爾後惡夢連連。這一套當然指的是想拉你去藝品店花費的花招；另一種簡易手段就是，講完好朋友之後，手一伸，就要你通財了。

一般說來，這些臨時交上的「好朋友」可以是不相干的路人，可以是大飯店的司機，更可以是圍繞在此一觀光產業下的任何人。

各位看倌，這種經歷，值不值得分享？有人膽敢孤身去當大爺，大灑銀子，個人表示萬分的欽佩。不過，要當大爺也要負一點風險，萬一這些人認定你真是「大爺」（沒有絲毫不敬之意），小心！你有著當肉票或當死肉（卡擦一聲，人頭落地）的可能。請注意，我說的只是可能，請不要會錯意。

三、正確玩法

　　如果說以上的描述就是今日埃及的現況，那我絕不會同意。畢竟在九日的觀光中我也碰到幾個「好人」，指點道路而不隨後伸手的。特別是參觀了亞歷山大大學和開羅大學，與大學生們談天說地，快樂無比。這才是埃及的希望。至今對他們的熱忱、好奇（對我個人，對台灣，對亞洲的好奇。須知在埃及街上和傳統餐廳、茶館，是看不到落單的觀光客的）和求知，仍念念不忘。對個人埃及之旅的惡夢，頗具療效。我想，一個國家被殖民慣了，心靈被禁錮久了，而社會又墜入貪腐和貧窮，因此有著差勁環保和澆薄人性，那也是鐵定的。但，「甚貧不知恥」就有點嚴重了。開羅尼羅河一到白天，垃圾隨波逐流或拍打兩岸，可也是一景哩！相信面對著法老的悲泣和尼羅河的嗚咽，任何外人實在使不上力，同聲一哭吧！

四、結論

　　只有冀望埃及的大學生了。我認為他們有希望，埃及也就會有希望。

　　什麼？你說我要不要再去埃及遊歷？謝了！要去你們自己去，不過千萬不要一個人去也不要兩個人去，要三個以上組團才去。這才是正確旅遊埃及的方法。

　　要去「入州里，觀習俗」搞什麼社會學式遊歷？蠢材，你沒有你信得過的埃及朋友全陪，又不懂一點阿拉伯語文，你去送死啊！

附記：2002年，埃及人Alla et Aswanz出了一本記實小說 "l'immeuble Yacoubien" 分析入木三分，不妨參考。

（登載於瑞士僑訊第十四期／2007年2月）

>>>>>

白痴，這哪是統獨問題？

一、問題所在

　　中國的領導班子和軍頭，簡單地將中台兩國的問題化約
（reductionism）為統獨問題，這是典型的帝國主義手法，更
是泛民族主義者一貫的伎倆[註1]。當年宋太祖黃袍加身，得
了天下，進一步擎起了統一的大纛，揮軍南下，將已獨立了
三十八年的南唐（937-975AD）消滅，並將皇帝及皇后強行
押到皇都（開封）。當時的御用史家將統一大業大大讚美了
一番。可憐的是周皇后身不由己，經常要應召去陪酒、獻舞
（有無侍寢，待考）；而我們那位有名的皇帝李後主，只好
提筆寫下一系列千古絕唱的絕妙好詞。譬如「剪不斷，理還
亂，是離愁，別是一般滋味在心頭」。亡國又當「王八」的
滋味，當然不好受。

　　宋朝開國，有必要將地處西南，文物鼎盛，愛好和平的
南唐給一舉滅了？有種，宋朝為什麼不接著努力地將北方的
契丹，東北的金等大小「北蠻」，也給「統一」了？蓋無力

「統一」也。這說明了「統一」是帝國主義、軍事擴張的一個操作名詞，也說明了中國自秦漢以來就是帝國，而不是今日所謂的國家（nation-state）。中國要台灣，不過是「中華帝國」要將「大清帝國」送出去的台灣強行再收回來而已^(註2)。至於以華人為號召，要所有Chinese聯合起來，加入中國建立偉大的國家（帝國），那更是開倒車的大笑話，這不僅有著希特勒種族主義的影子，更有著追躡廿世紀初一些所謂的泛俄羅斯主義、泛阿拉伯主義、泛日耳曼人主義等的浪漫憧憬。

二、一一分析

既然統獨問題本質上是帝國主義領土擴張的問題，同時也不應該是民族大團結的問題，那麼到底為什麼中台問題無法理性地、和平地加以解決，共同為未來著力。我們試著加以解釋。

1. 首先，什麼是台獨？迄今中國方面沒加以清楚地說明。目前台灣有意第七度修改憲法，中國卻又發明了「法理台獨」此一名詞。法律理當與時俱進，隔一段時期，就必須修改，憲法亦然。為什麼台灣以前修改憲法，中國就沒叫囂得這麼厲害？老實說，中台雙方如果不站在平等的地位，前瞻性地、歡欣地談判而後達成統一，就一定不會是和平地統一。換言之，台灣是否獨立，是否成

為另外一個國家，是否為UN的會員國，與未來是否和中國達成統一無關（不同民族或國家也可以統一）。而中國目前不遺餘力，全力打殺台灣的生存空間，對「統一」既不必要，也全然違反了和平的原則。除了用帝國主義的行徑解釋外，實在找不出更好的理由來適切地說明中國政府一向的流氓舉止。

2. 中台的關係由以上分析，根本不在台灣是不是要獨立的問題（獨立了還是可以統一），而是中國的打壓問題。再說，台灣早已是一個國家，有問題的是，承認的國家數目目前不多而已。台灣如果不是一個國家，那她是什麼東西？聯合國的託管地？無主之島？美國的領土？亦或是中國的一省？自1996年開始，台灣已成功地，和平地將外來的流亡政權融入全人民所成立的民主政府，一個新而獨立的國家早已蛻變成立。

三、迷亂人間世

因此，還在吵統獨，根本是看不清真相，此即：台灣今日成為問題，乃是中國的打壓，更是世界各國到底敢不敢面對中國的棍棒和蘿蔔兩手策略而已。因此「台獨」早已是事實，目前只剩下單純的承認問題。當然，此一問題，受到以下三方面掣肘，而無法平順地解決：

1. 中國方面的認識與支持與否？可惜，中國只想以武力解決一切。（註3）

2. 世界各國的承認與否？「慚愧」的是，世界各國忙著向中國磕頭。

3. 台灣方面的努力與否？唉，台灣忙著內鬥。

四、個個白癡

如果台灣不是一個國家，我們如何解釋目前台灣存在的事實？也因為台灣根本就是一個國家，世界各國（包括台灣國內）卻又昧著良知，怯於承認，因此才造成了今日所謂的「一中」看法和「台海危機」。基此，台灣的徵候（sympton）乃是今日世界已經處在迷亂階段（anomie）的最佳說明。需不需要來個大變革，還是各列強幡然改悟，或中台和解，這就看世界各國（包括中台）的官學企勞四界領導份子的努力了。今日不努力，未來一定會變得更複雜、更嚴重。

相信統獨二分法的人，大概是頭腦簡單的人。這明明是帝國的擴張，根本是自由與奴役的問題。不明此理，簡直就是白癡。果爾，今日國內外白癡何其多也！

註1：中國的溫總理家寶四月十二日赴日本眾院發表演講，闡述進一步
發展中日關係五原則。怪就怪在這裡，這五原則不適用於中台關
係。其次談到有關台灣問題，溫總理有著兩大論述：

1. 絕不容忍「台獨」，堅持反對台灣當局推行「台灣法理獨立」
和其他任何形式的分裂活動。

2. 台灣問題事關中國國家的核心利益。

　　第一個問題本文已答覆，茲不贅。現在只談談第二個論
述。我們迄今搞不明白的是，台灣問題竟然演變成事關中國的
核心利益，什麼是核心利益？溫總理沒進一步說明。

(1) 要錢嗎？台灣在中國的投資已高達1千5百億美元，是中國
的第二大投資國。台灣似乎已無力再在國內外大力投資，
顯然失血過多。你還要什麼？

(2) 要人嗎？大家不是和和氣氣，如親友般往來嗎？如果台灣
能加入UN，說不定中台兩國經常可合演一齣好戲。中國到
底還要什麼？難道說要台灣人民，乖乖拿中國的護照，又
交稅，又當順民中國才安心？

(3) 要土地嗎？中國在簽訂對外領土條約中，已大方贈與了比台
灣大廿倍以上的土地給了四鄰，中國還要這塊蕞爾小島嗎？

(4) 要面子嗎？二戰後發動造反不到四年就將舊政權趕到台
灣。怎麼，中國還要趕盡殺絕，這就是中國的核心利益？

　　看來看去，說穿了，所謂的核心利益，大概指的是中國的
專制統治安不安穩的問題，溫總理等人的位子坐得穩不穩的問
題，現行共產權貴體制能不能維持的問題。一言以蔽之，這是台
灣的民主自由體制，對以上的核心問題構成了本質上的、致命的
危害。台灣放棄自由民主，乖乖地投到中國專制的懷抱，中國的
共產權貴才能睡得安穩。不過，就算台灣沒有了自由民主，難道
世界各地人民的自由民主就不會對中國的專制造成核心利益的傷
害？只有白癡才會有著如此不通的思考邏輯，悲夫！

註2：大清帝國的雍正曾大筆一揮稱：「台灣地方自古不屬中國，我皇
考聖略神威，拓入版圖。」

註3：古代韓非子（安危篇）有云：「安危在是非，不在於強弱；存亡在虛實，不在於眾寡。」中國迷信武力，高唱「和平崛起」，結局肯定是「玩火自焚」。

（登載於瑞士僑訊第十五期／2007年5月）

>>>>>
風雪定陵讀後雜感

趁著七月中旬的週六、週日兩天空檔，一口氣將手頭的一本舊書「風雪定陵」^(註1)讀完，心中真是感慨萬千。四百年前的青天海瑞，重現於當年主張發掘定陵的吳晗的身上（1955年北京副市長，著名的歷史學者，1969年文革時冤死獄中），整個政權四百年來彷彿原封不動。此為感慨一。本書在尾聲一章中作者感嘆：「破壞與出賣（指中華帝國文物），一個獨特的文化怪圈，困惑著我們的身心，不知何時才能衝破這個怪圈，重新認識和保護我們的文化，並以熱情與責任構築起民族文化的大廈，使這個五千年文化古國再展昔日的『蓋世雄風』。」

我們以為，今日中國仍與二、三千年前的帝國一樣，本質不變，是一個不折不扣的大帝國；並且進一步墮落成今日的草寇帝國（Empire of Bandits），整個帝國難得找得到高貴的靈魂。作者還在哀嘆要再展昔日的「蓋世雄風」，這不是「腐儒」的悲歎嗎？此為感慨二。

個人在1987年拜訪了定陵，主要想去看看萬曆皇帝死後花了兩年國庫費用，建了三十年才完成的地宮。當時感覺只

有工程浩大，地宮裡陰風陣陣。沒想到定陵單純考古學上的發掘，竟然也扯上了四百年之後的政治鬥爭（反右運動和文革）；而萬曆及其皇后竟然被紅衛兵拖出墳墓，當眾鬥爭和焚燬，當真落得屍骨無存。這種公審屍體的無知和焚燒枯骨的野蠻，除了沒教養的草寇，誰還能幹得出來？這種慨嘆和驚嚇，已不是筆墨所能形容的了。此為感慨三。

感嘆之餘，隨手寫幾點感想來就教於生活在今日瑞士的讀者。感想當然很多，以下就只限制在解釋一下何以中國迄今仍然毫無長進。它還有希望嗎？能再「重振蓋世雄風」否？在這一小角落上，個人的答案是否定的。

主要的理由是一如前述，中國迄今仍然是一個大帝國。今日的中國草寇國與秦漢帝國、漢唐大帝國、大明大清大帝國相比較，哪一點進步了？

第一，仍然採行中央集權制（現代的專制，當然比歷代帝國厲害，無待贅言），並且以帝國的觀點和態度，對付帝國內的非漢族和帝國外的大小國家。在政體上，進步了嗎？中國共黨草寇，悍拒人類近五百年來在政治制度上演進過來的成果。譬如讓帝國境內的地區獨立，和平共存，相互合作如奧匈帝國；或採取聯邦主義，因地制宜如美蘇兩國；或建立政權立基於分權主義（打破專制主義），憲政主義（依法行政），國民主義（人民當家作主），市民社會（以NGO來與

政府和經濟體系分庭抗禮）。換言之，不採行民主法治，今日帝國與古代帝國，又有何異？

第二，秦漢帝國之前，百家爭鳴，人們的精神自由，獲得發揮和相互激盪，試問此一思想自由的榮景，統一成帝國後，歷代帝國可相互輝映過？秦漢帝國之後的大小帝國思想都定於一尊，頂多來一點，來個小發現；除了東漢末期傳入的佛教思想帶來些許清新影響外，「五千年來」，中國又出了幾位獨樹一幟的大思想家或哲學家？

思想禁錮，這正是中華帝國步入衰亡的最主要原因。不錯，中華帝國在宋代創造了世界一流的農業文明，但在神權專制和思想禁錮下，「中華文明」從此就走下坡或停滯了。[註2]

試問之後的元明清大帝國，對中華的典章文物，思想發明有什麼異於歷朝的高明貢獻？還不是皇恩浩蕩那一老套。請不要忘了大清帝國遲至1912年才垮台，遲至二十世紀初，大清會典才正式將斬首示眾（頭顱掛在城門，以收警惕之用），一些殘酷的刑罰，諸如五馬分屍、腰斬、凌遲（將全身以繩索網緊，犯人身上的肌肉即一塊塊突出漁網外，拿利刃將突出的小方塊肉割下，直至犯人哀嚎斷氣為止）全部去除，改換成不那麼殘忍的處刑花招。[註3]

這就是幾千年的中華文明？算了吧！中共得天下後一連串的整人、殺人和破壞叫做新文明？目前中國境內「勞改營」

仍悍然存在，法隨政轉，這叫做什麼？這是一個草寇當權的中華帝國，這是一個奴役帝國。

拿今日的中華帝國和今日的瑞士做一比較，就可以明顯感受到本質上的不同。瑞士雖有著行政效率不怎麼樣的官僚主義和義勇軍式的國會，搭配著行政權獨大的政府，但是在國民主義（直接民主）和憲政主義之下，人民的自由受到保障，個人的人權受到尊重和保護。這兩國有著多大的對比。用現代的術語來說，中國幾千年來和今日的中國之所以未能長進和建立蓋世文明，最主要的原因，乃在於政權的建立根本不是用來保護人權和發揮個人自由的，帝國是用來保護現在的政權，過去是皇帝老子一家人，現在是胡溫一夥共幹權貴。

只要帝國此一本質不變，只要仍然施行一姓或一黨專制，某些人民的才幹無法自由地發揮，這就是「奴隸」社會的翻版。而如果人民的自由不是立基於人類的尊嚴和公平的法治，那麼那個社會也必定是奴役的社會，生活在剝削的經濟中。隔了幾代，貧富自然對立，社會不義自然擴大，那就到了改朝換代（現在稱之為革命）的時候。中國或印度等古帝國的歷史，可為佐證。總之，全民享有自由與民主，居住於具社會公義和公平競爭的經濟裡，人人才有可能養成負責、自愛和工作勤奮的可能。在資訊自由流通，意見自由討論的環境中，人性才容易提昇，科學才較易生根，巫術思想才會退讓。準此而論，共產中國正步入一個歷代帝國步入的道

路，與目前民主社會的趨勢背道而馳。這種無知野蠻外加一黨專制的社會，到底還能挺多久，就令人好奇了。

因此，今日中國知識份子的哀鳴和徬徨，是可以理解的。不寧惟是，在他們哀嘆過去帝國榮光的思維中，也同時犯下兩點不當的比喻。一是將所謂的「中華民族」當作一個實存的民族來看待。殊不知此一名詞，不過是民國肇造前後所創造出來的新名詞，要成為「生命共同體」，恐怕還早得很。在省視過去的歷史時，往往忽略了這根本是一個錯誤的概念。過往的中華帝國，不過是一些不同民族在這一塊亞洲大陸上建立起來的政權而已。統一的帝國一垮，就恢復為諸國並立或相互攻伐的一塊亞洲大陸。準此，目前的共產草寇帝國也只是暫時的現象，分崩成數國，可能更是歷史鐵律。

第二點錯誤是以中華民族此一概念評論歷史，更是犯了無知和時間倒錯的大忌。廿世紀前，只有各族，哪有「中華民族」此一怪民族？當年孫中山要打倒大清帝國，口號只是驅逐韃虜，復興中華。韃虜指的是滿族，中華指的是中國此一塊土地（Chinese continent）。

本文第一段所說的獨特文化怪圈大概也就是此意，犯了馬鹿不分的毛病；而以中華民族或帝國的概念（China ideology，可直寫成Chinideology）來劃分中西，強調「國情不同」。這也是「井底之蛙」的一種徵候。只有將中國史置於世界史中，才能看出共產中國的過去、現在和未來（有未來嗎？）

治中國史，理應稱之為治中華帝國史，如果犯了Chinideology而將歷代中華帝國當作今日由單一的中華民族國族（nation-state）所建立的帝國，那可就大錯特錯了。帝國是以戰爭不休和領土的擴充來贏得榮光的。準此，中華帝國乃是一部不斷戰爭史，誰曰不宜？^{（註4）}

今日中國，遲早會走上各族或各地區獨立的大道，今日蘇聯和南斯拉夫兩大國的例子，可說殷鑑不遠。以上思考，難道不是歷史鐵律？

註1：本書是個人於今年五月廿日在林家花園參加了一場音樂餐會後，在園林臨時擺設的舊書攤上購買的。原主是誰，不知道。轉了幾手，也不知道。看來物換星移，輾轉經手，緣聚緣散。在惜緣下，寫下雜感，算是有緣。

註2：請參考法國前部長Alain Peyrefitte那本有名的「停滯的帝國」。

註3：中國人的殘忍和狠毒，早就大名鼎鼎。法文le supplice chinois。此一專有名詞就是說中國的酷刑或刑具「高明」得令人痛不欲生：tourment, particulierement cruel et raffiné。

註4：如果強調中國人一向愛好和平，那就是以偏概全，甚至睜眼說瞎話了。漢族中某一族（漢族乃集合名詞由位居中原和邊疆的各民族逐漸融和而成；客家是一個民族，姜族當然也是）容或愛好和平，但在帝國政治體制下，不斷爭戰，擴張領土和累積財富，乃制度使然。大剌剌地說中國人愛好和平，乃是宣傳口號也。

（登載於瑞士僑訊第十六期／2007年9月）

努力了解真相，正確對待歷史
── 台灣入聯解析

一、台灣入聯

今年7月19日，在國內所有政黨「入聯」的要求和民意入聯意識的高漲下，政府終於一改過去十三年入聯的做法，直接以台灣名義，正式函文UN秘書長和七月份輪值主席，要求將此一議題正式提議UN審查和討論。不意UN秘書處越權直接將台灣政府的文件駁回。理由是依據UN1971年的2758號決議，台灣已是中國的一部份，故駁回不受理。我們認為申請入聯，乃是實質問題，理應由UN大會最高權力機關慎重處理，潘秘書長基文卻將此一議題當做職權內之事，逕自越權處理掉此一程序問題。不寧惟是，還擴大對2758號決議文解釋逕與駁回。明顯地UN秘書處膽大妄為，犯了以上兩大處理上的錯誤。^{（註1）}

有鑑於此，7月27日，台灣的陳水扁總統代表台灣政府和人民再度致函UN秘書長，並致函安理會七月份輪值主席

王光亞（中國籍），重申我國有權申請成為UN會員國之嚴
正立場^{（註2）}。

　　UN何以墮落至此，UN秘書處何以如此囂張？凡是學法政
的人士，關心台海形勢以及擔心和平問題的人士，有必要針
對此一議題，細心研究。本文「笨鳥先飛」，為各位讀者做
一先導的介紹。

二、中國官方及各界之反應

1. 官方反應：中國官方自五月底開始，陸續透過各種管道
   對台灣入聯案提出嚴厲批判，力道越來越重。譬如，中
   國涉台系統方面，定調為「台獨活動」升級，圖謀改變
   「一中」現狀。

   　　我們不解的是：台獨有什麼不可以？有什麼不好？
   一中一台有何窒礙難行之處？世上有兩種基本上以華
   語為主而成立的社會和國家，對老百姓不是豐富了生
   活和居住地選擇權嗎，有什麼不好？有一種說法說台
   獨一旦實現，中國帝國境內的蒙藏突厥三族勢必跟
   進，引發「蘇東坡效應」。這一說法也很奇怪。中國
   1949年叛亂建國，當時即沒將台灣「解放」，世上一
   直存在一中一台兩個國家，把將來「需解放」的台灣

拿來與「已解放」後的藏疆蒙同列，這不是犯了時序錯亂和本質不同的邏輯思考？

其次，官方在打擊台獨問題上，一再重申，任何涉及中國主權和領土完整的問題，必須由全中國十三億人民共同決定。此一聲明，更見荒唐。我們的看法是，中國是高度中央集權由一黨專制再由黨中央決定一切的獨裁極權政權，什麼由人民決定云云，這不是說謊？胡溫說了就算，不，小胡一個人就可以了。所以此一論述荒謬得可以。再者，人權的問題，不是由多數決的民主機制可以置喙的。地方政府或中央政府，可以通過法律或以多數決，決定村中的某一姓，全體改姓或全體換性？人權的問題至少應由受到影響的該個人或一群人的同意才行，多數決是行不通的。在基本人權方面，法律更是無法置喙，國會裡通過的法律都不一定有用。

譬如上述要人們改姓或者要人生幾個孩子等問題，家庭計畫當然可以實施，但是要以配套鼓勵人們自動配合，而且如果生下「多餘」的孩子時，當然不可以因此剝奪了該「多餘孩子」的生存權、受教育權、婚姻權、生活權等等基本權利的享有。「夏蟲不足以語冰」，這土匪政權是搞不懂人權是什麼東西的，就此打住。

2. 至於中國外事系統的說法，一再重複老調，說什麼「中國領土不可分割」云云。真是老壽星唱老歌，就那麼幾曲，一再重複。誰分割了？1949年中國建國時，台灣就活生生地存在了，並且還是UN的創立國、會員和安理會成員呢！中國那時算老幾，不過是躲在蘇俄老大哥的槍桿子下苟活。在「一面倒」的政策下，全面投入老大哥的懷抱。這一史實，可不是捏造的吧！

3. 中國的軍方，譬如國防部長曹剛川在建軍八十週年的招待會上，終於露出土匪的面目，大聲恫嚇，這就更令人好奇了。中國不是一再宣稱「和平崛起」，「和平統一」嗎？台灣人民選擇自己要走的路，就一定會造成中國的不便或「利益」的損失；而主觀上認定利益損失，就可以動手打人？要打人，也要等到台灣獨立了，台灣先動手「反攻大陸，解救同胞」，那時中國再自衛，也還來得及啊！說不定台獨後，雙方「水乳交融」，中國早日和平地走上民主、自由和繁榮的康莊大道，對台灣人民，對中國人民，對世界人民都有百利而無一害。不此之圖，口口聲聲喊打，真是野蠻透頂。

學界中涉台學者的論調更是奇怪，一聽台獨，就要祭起「反分裂國家法」第八條，以「非和平方式」處理。「反分裂法」是中國關起門來，自吹自唱的「國內法」，台灣不在

中國目前管轄區域內，根本管不到台灣。相對而言，對台灣來說，「反分裂法」根本自始無效，它又不是台灣的立法院通過的法律，為什麼要受管轄？如果反分裂法此一法律可以「成立」的話，那麼隨便一個國家就可以通過其國內法，詳細規定鄰近國家及其人民的行為，這不就是赤裸裸的現代帝國干涉主義的行徑？這些御用學者，回歸的港澳媒體（包括文匯報、大公報、澳門日報、新華澳報、明報、東方日報、新報信報、太陽報、中評社等）更是乖乖唱和，唉，不提也罷！

除此之外，中國政府在驚慌之餘，在行動上也進行了一連串的小動作。譬如，大概是不滿國民黨也搞入聯公投，六月下旬在無預警下將原訂於七月三至五日在四川成都舉行的「兩岸關係論壇」取消。該論壇有多位國民黨智庫成員參加。又如國台辦交流局和南海海洋研究所等單位也藉故將「王翰國際探險泳渡台灣海峽」此一「中台一家親」的活動，以籌辦來不及為由，硬生生將此一活動延期，逼得王翰只好將路線改為沙崙（淡水）至馬祖，變成台灣單方面的泳舉了。至於中國在海外的統戰組織「統一促進會」會接著搞出什麼統戰花招，那就等著瞧了。最低程度，中國一定卯足全力，拉攏部份投共的「越棉寮華人聯合會」成員搞點花樣[註3]。

三、那麼與中台關係至關重要的聯大2758號決議到底
　　寫些什麼，我們有必要去瞭解它。為存真，茲將
　　全文不假翻譯抄錄如下：

Resolution 2758（XXVI）

THE GENERAL ASSEMBLY,

Recalling the principles of the Charter of the United Nations,

Considering the restoration of the lawful rights of the People's Republic of China is essential both for the protection of the Charter of the United Nations and for the cause that the United Nations must serve under the Charter.

Recognizing that the representatives of the Government of the People's Republic of China are the only lawful representatives of China to the United Nations and that the People's Republic of China is one of the five permanent members of the Security Council.

Decides to restore all its rights to the People's Republic of China and to recognize the representatives of its Government as the only legitimate representatives of China to the United Nations, and to expel forthwith the representatives of Chiang Kai-shek from the place which they unlawfully occupy at the United Nations and in all the organizations related to it.

1967th plenary meeting 25 October 1971

　　由此可知，該決議清清楚楚地決定了以下兩個議題。一為回復（restore）中華人民共和國在UN以及UN其他專門機構之權利；其次，承認（recognize）中華人民共和國的代表為中國在UN唯一（only）合法代表，基此，驅逐（expel）蔣介石非法在UN和UN其他專門機構的代表們。（註4）

　　該決議並沒有交代台灣政府的去處，更沒說台灣是中華人民共和國的一部份。中共叛亂雖然成功，但前朝政府仍然建在。在全世界推波助瀾下，造反者成王，王朝反成為寇，這是可以理解的。可是時空荏苒，王朝已成為民主自由的國家，而成王的土匪，依舊為匪類，這一筆帳到底要怎麼算。

　　從七月廿七日陳水扁總統的去函，我們就可明白個大半。UN欠我們一個說法。台灣要以另一身份以和平方式進入目前世界大家庭 ── UN，為什麼不行？時空不同，時代不同，人物也不同，必然有新的思維，以新的創造性思維來解決難題。我們冀望中國人民起來為其未來奮鬥，當家作主，而不是盲從這些篡權者跟著胡作非為。我們也要求世界各國政府給個說法，因為此次「台灣入聯」，中國傾全力打壓外，世界各國也大多抱著「一個中國」的政策，對台灣鮮少支持。換言之，台灣之成為世界孤兒，台灣和其人民之尊嚴一再受創，各國之視而不見，甚至落井下石，乃是主要原因之一。這真是情何以堪。

　　第2758號決議，當然有其國際法上之效力，但是它更是一件政治運作下的政治產物，根本是當時東西方陣營角力下的結果。我們看幾則當年在辯論中國代表權時，幾個國家的發言情形，就可明白大半：

- **美國**：所提草案令中華民國能繼續在大會中有代表權而不被立刻而不公正地驅逐出去（案：阿爾巴尼亞所提的議案，即2758號決議，已有七十六票贊成，三十五票反對，十七票棄權而通過，加上中華民國代表已發表聲明正式宣佈退出UN，並且莊嚴地、魚貫地步出會場，因此大會決定不再討論上述美國所提之雙重代表權提案）。

- **日本**：中華民國政府有效地管理台灣島已經二十五年多了……並且已經建立一種健全和穩定的經濟。……因此，如果在聯合國內中華民國政府被中華人民共和國政府所取代的話，那麼就會忽視事實上的形勢並且等於驅逐一個以它自己有活力的制度，有效的管理著一塊島嶼領土的會員國……我們會歡迎並期待中華人民共和國積極參加聯合國的活動，我們完全接受這個原則，就是中華人民共和國取得正式代表權完全符合普遍性與不偏不倚的理想。同時我們確認，我們應當以十分公允和平等的原則來對待中華民國的繼續代表權。

- **突尼斯和澳大利亞**：我們不能僅僅因為中華人民共和國尚未控制中國全部領土就拒絕讓它取得代表權；同樣，我們不能因為中華民國未能控制全部領土而不許它繼續保有它的會員國資格。

- **加納**：加納很久以前便承認了中華人民共和國及其在安理會和大會中取得席位的權利……會員普遍性概念則使我國代表團不得不承認，中華民國有權在大會取得一個席位。

- **烏拉圭**：我們要確認中華人民共和國在聯合國的代表權並建議它應具有安全理事會五個常任理事國之一的席位。如果這個偉大的步驟涉及到驅逐中華民國，那將是不公正和不合理的。

四、結論

做為地球村的一份子，我們有權要求這個世界逐漸朝向普世價值和美好的世界邁進。這些包括了對和平之堅持，對衝突以和平方式之解決，對個人之自由、少數族群和對不幸人們之尊重和保障；對人權民主和法治之施行，環境之永續經營以及敞開心胸，破除迷信和偏見等等。因此，對於世上的一切，我們理當把握求知、求真、求美的精神和態度去瞭解，必要時，也要採取行動。我們不管是否來自台灣，東南

亞或其他地區，對不公不義或奇特的事抱持好奇並設法去瞭解，乃是正常的。尤其來自台灣的人關心家鄉的事，那更是本能的反應。

六十年過去了，中台兩國都發生了很大的變化，世界也發生了鉅變，墨守過去的觀點、成規、偏見，對於未來的互動和世界和平，公道與繁榮的追求，終是一項開倒車的行為。六十年過去了，台灣也成為一個華人的模範國家，世界上的民主國家以及一個繁榮自由的國家。有必要以利益政治和心靈的墮落為理由，世界各國附和中國，共同扼殺台灣逐步邁入世界大家庭？

果讀者認為台灣是不幸的國家和社會，那你就多發揮愛心，像關心和幫助不幸的人們一樣，多對台灣關心和施以援手；如果你認為台灣活該，誰叫老蔣當年不採取兩個中國政策（直到表決時刻，老蔣仍不鬆口），或誰叫台灣不乖乖向中國靠攏（加緊經濟一中，再邁向政治一中），那麼也請你讓台灣自生自滅，請不要「助紂為虐」或「落井下石」。不管你抱何種看法，至少請你把本文細心讀一遍，有沒有偏離史實，如果沒有，那就將本文拿來與你的看法細細做一比較。如此，本人連日揮汗寫這篇短文的目的也就達成了。謝謝你的閱讀，更請你指教。

註1：本文於八月十二日草就；不意翌日美國華爾街日報的社論，採用同
　　樣觀點，譏諷潘某為聯合國大君。茲將該社論刊登，供讀者欣賞。

THE WALL STREET JOURNAL
Monday, August 13, 2007

King of the U.N.

The Secretary-General exceeds his power in slapping Taiwan.

The Secretary-General of the United Nations is properly addressed as "Your Excellency," not "Your Royal Highness." Ban Ki-moon appears to have forgotten that distinction recently in a couple of royal edicts issued in his name.

This issue is Taiwan-tricky diplomatic waters to be sure, but ones that the world's top diplomat ought to be able to navigate successfully. Of all people, Mr. Ban, a former Foreign Minister of South Korea, it self a divided country, ought to understand the sensitivities.

Taiwan is not a member of the UN nor does it participate in any of its affiliated bodies. On one level Taipei can therefore count its blessings, and we're tempted to observe that the U.S. should be so lucky. But its exclusion is nevertheless a mark of disrespect.

However, for the past 15 years Taiwan at least has had the satisfaction of reminding Turtle Bay of its existence through an annual application for observer status or, in recent years, an even humbler request for a study group to be set up to study its status. After a couple of hours of discussion, the agenda committee of the General Assembly always votes to reject Taiwan's request. It undoubtedly would have done so again this year-had it got the chance.

This year, however, Taiwan decided to go for the gold, and on July 19 President Chen Shui-bian wrote Mr. Ban a letter applying for membership. But instead of forwarding it to the Security Council, as required under Rule 59 of the Council's rules of procedure regarding membership applications, Mr. Ban took it upon himself to return the letter. He said, through his spokeswoman, that it "could not be received."

Mr. Chen followed up on July 31 with a second letter, noting that "according to the rules of the United Nations, only the Security Council and the General Assembly have the authority to review and decide on UN membership applications. The UN Secretariat does not have the power to decide on such matters." That letter was also returned.

In both cases, the spokeswoman explained Mr. Ban's decision to reject Taiwan's application by citing Resolution 2758, the 1971 resolution under which the People's Republic of China was given the seat previously held by the Republic of China. At a press conference in California on July 27, Mr. Ban observed that "the position of the United Nations is that Taiwan is part of China."

Oh, really? Mr. Ban's interpretation of Resolution 2758 goes well beyond what the General Assembly actually decided in 1971. The wording is deliberately ambiguous, noting merely that representatives of the People's Republic are the "only legitimate representatives of China to the United Nations." The word "Taiwan" does not appear.

In any case, it falls outside the authority of the Secretary-General to interpret resolutions as he wishes-and Mr. Ban's actions are unprecedented. Not even Kofi Annan acted so imperiously. If he's allowed to put his own interpretation on Resolution 2758, does he, or a future SG, get to interpret and act on all other UN resolutions as well?

The United Nations is a membership organization, not a monarchy. If its members wish to reject Taiwan, that's a bad decision, but it's theirs to make. It's not up to Mr. Ban.

註2：總統致潘秘書長函中譯文：

秘書長閣下：

　　2007年7月23日，本人代表台灣二千三百萬人民提出的聯合國入會申請書，遭聯合國秘書處以聯合國第2758號決議案為由逕予退回，對此甚表遺憾。

　　本人必須嚴正指出，聯合國第2758號決議案並未賦予中華人民共和國在聯合國代表台灣二千三百萬人民的權利，更未提到台灣係中華人民共和國的一部分。

　　台灣是個主權獨立國家，依照聯合國憲章台灣人民有權參與聯合國。

　　依據聯合國相關的規定，新會員入會案應由聯合國安理會及大會審議決定，聯合國秘書處並無篩選與過濾的權力。

　　台灣人民渴望成為聯合國的一員，履行身為國際社會成員應有的義務，為人類的進步、公義與和平做出建設性的貢獻。身為台灣的總統，本人必須提醒秘書長閣下，尊重並正視台灣人民加入聯合國的強烈意願，並依據聯合國相關規定與程序，處理台灣的入會申請。希望閣下重新考慮並期待能盡快聽到您的回覆。

總統致王輪值主席函中譯文：

主席閣下：

　　2007年7月23日，本人代表台灣二千三百萬人民提出的聯合國入會申請書，遭聯合國秘書處以聯合國第2758號決議案為由逕予退回，對此甚表遺憾。

　　依據聯合國相關的規定，新會員入會案應由聯合國安理會及大會審議決定，聯合國秘書處並無權審議台灣的申請入會案。聯合國秘書處逕自予以退回，此舉剝奪了全體會員國審議新會員申請入會的權利。

　　聯合國的宗旨在維護世界和平與安全，發展以尊重平等權利及自決原則為基礎的友好關係，積極促進國際合作。台灣贊同該宗旨並願意履行做為聯合國會員的義務。

　　台灣人民渴望成為聯合國的一員，為人類的進步、公義與和平做出建設性貢獻的意願必須受到尊重。本人在此要求主席閣下，依據聯合國相關的規定與程序處理台灣的入會申請。

註3：據悉，世界越東寮華人團體秘書處日前宣布，第3屆會員代表大會
於今年9月17日至19日在廈門市隆重舉行。會議過後，20日參訪廈
門，隨後各地代表將兵分五路分別前往中國南方各地（包括海南
島）旅遊。三十年前受共黨迫害（當然是中國在背後撐腰）成為
Boat People的悲慘經歷，看來當今的聯合會有些領導人已置諸腦
後了。

註4：寫到這裡，筆者心中就隱隱作痛。當年我國此一退出聯合國的事
件，在國內外都引起軒然大波。可說整個冷戰所形成的東西陣
營，已開始鬆動了。隔年，美國即以行動拉攏中國建立「以中
制俄」的戰略，台灣在美國棋盤中的份量當然也就大大削減。
筆者當時在UN的專門機構ILO中國分局（正式名稱為ILO Taipei
Office）擔任局長特別助理（除局長和我兩人以外，另有一位秘書
小姐和司機，總共四個人而已）。當時國內凡是主張不妨改採兩
個中國政策的，都被老蔣嚴懲，最著名的下台者即蔣廷黻（前駐
UN代表）和曾任外交部長的葉公超先生以及自由中國週刊的先進
們。當年國內媒體只能刊登我們莊嚴退出UN乙事。事實上，誰也
沒看到該2758號決議文（七〇年代還沒有e-mail，google，而當時
仍處於戒嚴和白色恐怖期，所有郵電、文件和國內外刊物，警總
等單位可檢查沒收處罰），在職務的方便上，我看到了。接著將
它直接寄給一位陳教授（當時Xerox還沒發明copier），事後陳教
授說他沒接到該決議文。整個台灣當時已處於風聲鶴唳，人心惶
惶的情況下，我也沒心思和膽量就UN年報中再手抄一份寄給他參
考了。老實說，小腦袋要緊！當年的事，恍如隔世。不幸的是當
年事件的主角，即2758號決議，如今卻仍然如厲鬼般吸食著我們
的血液和骨髓。

（登載於瑞士僑訊第十六期／2007年9月）

>>>>>

破解一中原則淺見

一、楔子

一中原則一如緊箍咒，我國頭痛萬分，而世上大多數國家卻深信不疑，如不破解，台灣半世紀來的努力，恰為中國做嫁。

二、一中之中方立場和見解

所謂一中原則指的是世上只有一個中國，中華人民共和國代表中國，而台灣則是中華人民共和國的一部分。其實此一中原則也是當年兩蔣時代，國府在兩岸關係中所採取的原則。當年只有一個中華民國（ROC）當然代表中國。1949年後雖然中華人民共和國已經成立，已獲得廿餘國的承認，但在UN體制和慣例中ROC代表prc，所繳交給UN及UN各專門機構的會費是以CHINA名義，即ROC加上PRC（de facto存在的實體以小字表示）的人口，其工業發展，土地面積等換算成

會費繳交的[註1]。中國當時指的是中華民國，而中華民國在UN及UN各專門機構是包括中華人民共和國的。這是事實，也是UN當年的制度。1971年UN通過2758號決議後，在UN體制上，換成中華民國消失，而以中華人民共和國（PRC）代表中國，擁有中華民國及其有效管轄下之台澎金馬諸島。基此，中華民國自1971年後，在UN體系，在國際社會裡，當然由中華人民共和國代表而告消失。因此今日PRC對外宣稱台灣是中華人民共和國一省，或一部份，揆諸過去那一段史實，是說得通的。再者在實務上，自1971年後，中華民國的駐外使館，一一被中華人民共和國合法接收，其理自明。[註2]

總之，一中原則，從UN體系來說有其道理。台灣在UN文字上被冠上TAIWAN，CHINA —— 一如港澳，UN工作人員在法理和慣例上不覺有何不妥。須知，目前在UN繳交會費方面，中華民國或台灣是被列入中華人民共和國整體會費裡面的，台灣地區的民眾每年都乖乖繳了UN的會費。[註3]

基此，台灣如果不與中華民國徹底脫鉤，「台灣入聯」就會令UN和外人不解；同理，如以中華民國名義入聯，那更令人不可思議。現圖示於後：1971年以前China=ROC+prc，之後China=PRC+roc（小寫表示de facto存在，有關會費等規費當然也由代表China的那一方即PRC代繳交了。）

所以中國並沒有因誰代表它而有所不同。不同的只有上台代表中國的由ROC換成PRC而已，roc實際上也並沒有從地

圖消失，roc也繳交了各種規費（已由PRC代繳）。由於roc是PRC的一部份，因此在UN和國際社會上，roc沒有出席，乃係當然之理。

三、破解之道

只有老老實實從台灣島嶼為主體出發去思考，才能有解。台灣島及島上居民自第二次世界大戰日本戰敗無條件投降後，法理上歷經台灣地位未定論和民族（人民）自決論階段，終於在1996年開始建立民選政府。2000年的政黨輪替，再次驗證民主政府的成立。我們解釋為新國家的誕生。但由於與中華民國的關係迄未釐清，此一新政府雖有著新國家的樣子，仍然無法在國際慣例，國際法理和實際認知上，被視為新的國家。2007年政府以台灣名義加入WHO和UN的動作，震驚全世界和引起中國極大的恐慌，因為這可能表示與過去思維和做法決裂。只要台灣法理上不去除「中華民國」，或一直「保持現狀」，台灣（中華民國）即永遠屬於中華人民共和國（即中國）。因此在國際上保持現狀，台灣終歸是中國的囊中物。

四、未來因應

　　台灣早已是一個民主共和國這是首先要確立的第一方針；
與中華民國脫鉤則是兩岸關係中必須確立的第二方針，只有
兩岸的主角均為新的自主的個體，才能擺脫過去包袱，面對
未來。第三方針即在追求和平的原則下，隨時歡迎對話，談
判和合作^(註4)。兩岸關係仍是國與國之關係，最大區別在民
主與專制體制。與中國繼續扯主權分合，根本是搞錯問題所
在，更是落入國共糾葛的思維裡。總之，在第一項方針下，
堂而皇之量身訂製憲法進行政府改組和改革而無須背負「台
獨」的指摘。

　　在第二項方針下，加速鞏固民主制度，再創經濟成長和提
升台灣多元文化。在第三項方針下，參與國際。第四……十
項，略。

五、結論

　　瞻望人類未來，似乎仍然「魑魅遊兮群跳嘯」，主要在我
們不認識自己，也不瞭解未來世界可能發展。因此，我們欠
缺一套未來十年，廿年，甚至五十年的國家發展大戰略！不
過，先從自己是誰做起，這起碼具翻掌折枝之易。以上一得
之愚。敬請指教。

後記：

　　2007年11月1日將此短文呈至台北外交部，以及台聯黨、民進黨及國民黨三黨主席。一週後，只接到台聯黨黃主席的謝函。

註1：1971-1972，本人擔任聯合國國際勞工局（ILO）中國分局（Taipei Branch Office）局長特別助理。因職務之方便，瞭解此一事實。當年我國每年總共須繳交約1千萬美金的年規費給UN及其專門機構。由於我國政府實在無力繳交，因此每年對各該機構只繳交最低額度之規費，以免被罰甚至被逐出。

註2：不僅使館一一被接收，當時的中國國際商業銀行（今日的Mega International Commercial Bank Co.,國際兆豐銀行）和中華航空公司也被迫改組改名，原因在此。中華民國或ROC已成為幽靈，除非消滅中華人民共和國或許還有一線還陽機會。

註3：為慎重計，此點還是要查證一下。不過如果中國不會這麼做（即也替台灣繳交會費）那麼一中原則就有可能不攻自破。中國一向謀定而後動，會如此疏忽？

註4：2007年10月16日總統針對胡總書記錦濤的談判呼籲，終於義正嚴詞地說明一邊一國的道理，令人振奮，不過語氣若轉為更平和，更呼應談判一點，就更令人欽佩了。

>>>>>
中國為什麼怕台獨

一、前言

　　中國在一個月以前才召開的十七大大會上胡錦濤總書記的二個半小時的報告中，再次對台獨大加韃伐。不過大罵台獨這已不是什麼新鮮事了。中國自1949年造反建國，莫不如此，隨著局勢的變化，台獨的定義也一再不同。老實說，可能甚至連國台辦專靠反台獨吃飯的大小官員也搞不清楚。反正，不「歸順來朝」，就是台獨。對「天朝」不理不睬一如當年的蔣經國總統時代的「三不政策」，那也是台獨。台灣要改點憲法，那也是台獨，新名詞叫做法理台獨。總之，台灣必須乖乖的跪在一旁，什麼也不許做，一有動作，這就是台獨。這也就是為什麼台灣的「入聯公投」，弄得中國緊張兮兮的原因。

　　外國學者經常覺得中國怕台獨怕得如此歇斯底里的地步，簡直不可思議。這些外國人不瞭解，一旦台獨了，難道台灣就會與中國兵戎相見？或者台獨了，台灣人會由華人變成外

星人，或被列強殖民，台灣人變成不說華語的外國人，中國人以後少了一塊可以溜躂選擇的華語社會，這更不可思議了。又，如果台獨了，如今投資在中國的一千五百億美金就會如泡沫般消失或完全撤資走人，這也是天方夜譚。

讓外國人更感覺不可思議的是台灣不是已獨立了嗎？幾十年來不是互不隸屬，為什麼雙方不朝前看，正正式式地建立關係，健康地來往？這些外國人直覺地認為中國怕台獨，從而著手窒息台灣，這種以大欺小，欺負自己人，令中國在世界上變成不可理喻的奇妙地方。

二、政權之維持

正如前面所敘述，世人不瞭解，中國為什麼怕台獨怕得如此厲害，或者說從另一個角度恨台獨恨得這麼厲害，一定要置台灣於死地，甚至恨到語無倫次的地步。譬如中國一方面正式大言不慚地說和平崛起，兩岸以和平方式統一；另一方面卻在天空佈滿飛彈明示台灣若不歸順，就要以飛彈打你，如此自相矛盾的話語和行為，豈不顯得奇怪？到底原因何在？真的有其合理的原因，還是「欲加之罪，何患無辭」。根本就是講不出道理。擺明了，拳頭就是道理的歪理。一般說來，個人認為不出以下幾個原因。（註1）

（一）獨裁政權的本質與維持

　　由於目前中國之政權並無合理合法的基礎，因此非得創造出代罪羔羊不可，如此才能「凝聚民心，轉移國人注意力」。中國政權並非基於人民自由意志的選擇（即民主體制），因此合法正當性厥如；由於中國建國以來，政策的荒唐和錯誤，中國人至少冤死、枉死、餓死、被處死達八千萬人以上，迄今人民還是不能討論，六四血腥事件不能討論，當今政策不能討論等等，如此一來，政權的合理性也就跟著厥如了。這是一個血淋淋的高壓統治，與中國歷代一家一姓的極權皇朝並無兩樣，尤其文化大革命之後，弄得中國人民舊的道德體系蕩然，卻無新的道德體系起而代之，中國成了一個amoral的社會，一個叢林社會。中國政府的道德正當性也隨著風消雲逝。這以上三大正當性厥如下，外以台灣為代罪羔羊，內以民族主義和愛國主義為統治的理論基礎。台獨必須深惡痛絕乃是極自然的演變。

（二）統一理論之破產

　　中國自1949年佔領中國大陸後，一心一意要將台灣的中華民國消滅，以便證明「造反有理，內戰成功」。因此口口聲聲要血洗台灣，果真於五十年代中葉派兵進犯金門；血洗不成，則再次要求國共談判，談判沒具體成果，則又來個「寄

希望於台灣人民」。總之，台灣一日不歸順，一統天下就是沒實現，中國政權就有可能淪為「偽政權」之慮。因此，在面子上，非得把台灣弄到手不可。更何況，台灣一日不弄到手，中國境內的少數民族和不逞之徒，對中國政府的威信必將大打折扣。有一天，「蘇東坡」現象就會產生了。這特別是一些軍頭的「愛國想法」。其實，這種想法不通。中國將未到手的台灣和已到手得蒙疆藏視為同一類別，一視同仁，想像力未免太豐富，而且統治對於已到手的土地和人民如蒙疆藏未免太沒信心了。你怎能因為養不好籠子裡的小鳥就怪罪天上的飛鳥呢？你好好地將籠子裡的小鳥養好，這些小鳥就不會高飛遠走，多餵兩口，或把籠子做大，讓籠子裡的小鳥多點活動空間，這不就解決了？當然，最好還是將籠子給毀了，讓籠中鳥在天空自由飛翔。鳥兒到底應該在天空翱翔，而不應成為籠中鳥。

（三）革命有理，造反無罪

　　如果台獨一日不來歸，這就坐實了，當年中共一直在中華民國體系裡造反，搞武裝蘇維埃，發動內戰，根本是革命無理，造反有罪。如此，中共政權的合法性不就嗚呼哀哉？此節前已敘述，茲不贅。

（四）中國民族性作祟

中國要拿台灣，恨台獨，說穿了，根本是中國，此一半封建半落後社會和一脈相成的帝國體制所自然產生的反應。中國迄今的政體，統治體制仍然是標準帝國的統治方式。整個中國社會離近代史上所產生的啟蒙、民主、自由、人權、公道與普世價值根本還沾不上邊。如此落後的社會和一黨專制的政權，當然全國上下，毫無獨立思考能力，且個個被豢養成現代順民，生活在初階資本主義吃人的社會，當然人民個個又成了腦袋無腦，只會手上拿著刀槍，跟隨上級領導喊口號了。中共建政一甲子，中國人民被弄成玩偶和螞蟻，這是華人世界裡最大的悲哀，人類史上最悲痛的一頁。中國文化的病態症候即在患了集體的自戀狂（narcissism）。因此，一會兒趾高氣昂、氣吞斗牛，要與老天比高，要與美帝對幹；一會兒又阿Q自嘲、自我沉淪。

就在這種國民性格上，特別是今日中國知識份子（當然有例外）認為台灣不肯「共同沉淪」，本質上就犯了「非我族類」的天條，因此一聽到台獨，台灣不肯相伴沉淪，馬上抓狂，認為中國的落後和封建被人看穿，被台灣鄙視？在這種深層文化的探討上，我們才能恍然大悟，為什麼中國對台獨那麼在意；中國人民就算在瑞士生活了數年，甚至十年以上，身上的落後性不時表現自大自憐症和腦袋空無一物。如

同乩童，口中只會喃喃自語，人人負我中華（當然從鴉片戰後算起，之前中華帝國之侵略他國，乃仁澤廣被），如今且看我奮力一擊。天啊！如此病態的民族，加上血腥腐爛的政府，怪不得有人認為中國在2013年準會對台灣下手^{（註2）}。

三、結論

面對如此險峻的形勢，台灣人民和政府如何自處和應對；身在瑞士，愛好自由民主的華人，特別是台灣來的，又將如何舉措？此一衝突可有解？個人以為當然有解，不過，面對是十三億愚順人民和沒信心加病態的政府，這一「改變思考和心性」的工程，的確非數十年不為功。面對一群手拿刀槍的精神病患，除了耐心、小心和愛心，代代努力以外，你可還有更好的方法？難不成，你也變成精神病患，大家胡鬧一番？^{（註3）}

至於在中國方面要如何避免中國走上絕路，遭受天罰？個人以為沒什麼萬靈丹，只有寄望尚具天良和能客觀思考的中國人民，知識份子的奮起了。中國官員可以寄望？個人不以為然。在龐大嚴密的極權官僚體系下哪有人性生輝的可能？除非你要害他（們）不能升官發財！

總之，台獨，只是政治上成為另一個國家和政府。雙方的文化和社會可能會更密切結合；台獨，可以讓中華文化多一

道窗口自由發揮，免得在中國真的滅絕了。台獨，可以促進雙方的良性競爭，在民心向背的原則下，人民多一個安身立命的選擇；台獨，讓目前已與列強在各方面上可平起平坐的台灣人民，也替中國人爭得一點尊嚴。目前的中國人民拼命往外「移民」，相當數目的男女「移民」，生活淒涼，生命悲慘，令人心酸。然而中國政府卻在高唱中國人站起來，走上帝國軍事擴張道路，真是恬不知恥！

　　總之，中國不僅怕台獨，也怕人權、自由與民主。這些當今世人所追崇的一些卑之無甚高論的價值體系，中國通通害怕。天啊！

註1：希望讀者也能替中國找出合理的解釋。難道中國把台灣與香港或澳門一體相待，要把台灣這一塊殖民地也收復？如此一來，台灣人民，在中國政府眼中，豈非被視為洋人？真胡鬧。

註2：請參考Ted Galden CARPENTER著，2005年Palgrave Macmillan出版America's Coming War with China-A Collision Course over Taiwan.

註3：請參考林忠斌博士所撰「以信心，戒心，耐心面對武嚇」一文。中國時報1996年2月10日時論廣場。

註4：中國向全世界宣布台灣是中國的一省，是叛逃的一省（a renegade province of Taiwan），說久了，世界各國人士也就深信不疑。不過，中國從來就沒統治過台灣，何來叛逃？中國在歷史上只有「韃虜」滿清帝國統治過台灣212年，但在1895年永遠割讓給日本帝國。中國胡稱台灣自古即屬中國，吹牛也未免太不打草稿了。

　　從中國的帝國軍事擴張主義觀點來看，中國與台灣的關係，應該是「台灣是中國尚未解放的一省」（not yet liberated province of Taiwan）才對。當然，從台灣的觀點來看，那又是另一番說詞了。

　　個人試著說明一下，讓讀者看看說得通否。中國對台灣來說：

a. 遠親：大家都可算是華人，炎黃子孫嘛。

b. 近鄰：中國離台灣最近，日本次之。

c. 狠心的親戚：百年前將台灣送給日本帝國，百年後由中國狠心地。將台灣在國際社會中逼入絕地，要將台灣拖入中國這個半封建和落後的社會。這位狠心的親戚，理當更疼愛沒爹沒娘的台灣才對。這位小孩現在長大了，當然要自立，中國理當玉成才是。現在卻夥同「外人」要亂棒打死，何其狠心，真是情何以堪！

丟人的國人：這點就不需詳述了，做現代的中國人並不見得是一件光彩的事。有著親戚關係的台灣來說，還真令人臉紅呢！個人還記得朱鎔基上日本電視時那份德性，丟死人了，他還洋洋自得。

（登載於瑞士僑訊第十七期／2007年12月）

你所不知道的Formosa
——一些洋人眼中的台灣

一、前言

　　台灣位居西太平洋中樞；北方的琉球與日本群島，早經開發，文明燦爛，而南方的菲律賓和印尼群島也早登史冊，千年來即有著人類活動的遺跡並開創了獨特的文明，獨獨位居中樞的福爾摩沙好像無人知曉。中國古代典籍，只依稀說到海外有仙山，林木蘢嵷，名曰蓬萊仙島，又曰瀛洲仙山。看來福爾摩沙仙島裡的各個族群，真正過著小國寡民，遺世獨立的神仙生活。

　　此一仙島第一次與大國接觸，大概就在公元1590年左右。他們接到剛統一日本全國，躊躇滿志的豐臣秀吉的諭令，要求島上的「番國」向日本歸順。大概語言不通，島上的先民，當然對豐臣不理不睬；再囉嗦，碰到就宰（如1874年的牡丹社事件）。豐臣碰了個大釘子，於是乎不採取南進，轉而採用了北進擴張政策。這就是後來十六紀末（1592年）有

名的，攻打大明國必先取朝鮮的征韓戰略。看來好像是我們台灣人害得朝鮮人受苦受難了。大約同一時間，台灣的大名也隨著葡萄牙商船的傳播，引來了新興歐洲帝國之覬覦。

在西班牙殖民北台灣（1601-1624年）和荷蘭殖民全島（1624-1661年）之後，另一新興的帝國──美國，也有意對台灣染指。嘿嘿，你可想不到吧！話說遲至十九世紀中葉，美國海軍提督培里，奉命前來東方打通商務。前後到日本兩次，第一次刺探虛實，第二次就逼得當時的幕府與美國簽訂通商條約，從此開啟了西方當時的列強，英法葡西荷等紛紛前來日本貿易。這就是日本史上有名的「黑船事件」（黑船指的是不用帆櫓，只冒黑煙，就能行駛如飛的船隻而言），日本的鎖國政策從此就被打破了。[註1]

這位培里將軍，早聞日本南方尚有一個大島名曰大員（台灣），其宗主國大清帝國對她棄之如敝屣，幾乎是無主之地。機會難得，於是正式函請美國總統派兵一探究竟，必要時，佔領可也。不過事與願違，美國政府不採培里的建議。如果台灣當年被美國佔領，今日的台灣人的英語能力就不會像今天一樣的破吧！一笑。

當然，洋人除了來台灣殖民，搾取資源外，也有一些善良正直的洋人來台真心地為當地人服務的。例如北部的馬偕牧師，南部的巴克禮牧師等人。他們開醫院，創學校，一心想

文明開化台灣。當然，有好人，必有壞人，也一定少不了一些招搖撞騙的不肖之徒，在台灣大搞騙財騙色的買賣。

十七世紀初葉，當時的法國文豪Mirabeau在其名著Errotika Biblion敘述福爾摩沙的住民長尾巴。他說此一情形千真萬確。他進一步說，此一尾巴長在尾椎，約十公分長，動起來像象鼻，揮灑自如。不寧惟是，台民性淫蕩喜參歡喜禪，此一象鼻妙用大矣哉！甚至勞動到當時著名的耶穌會Thomas Sanchez教士（著有De matrimonio一書，詳細規範教民有關性愛的知識，技巧和禁慾的不二法門）出來解釋，為何台民性淫和喜歡三人行的前因後果（註2）

在十七、十八世紀的歐洲，一位出生法國南部（1679）的老兄自稱為福爾摩沙島人。他自創福爾摩沙語，並且打扮成福爾摩沙人（不過當時誰也沒見過福爾摩沙人，也沒聽過福爾摩沙語）。1704年，這位名Psalmanazar（此非真名）的仁兄，又出版了一本福爾摩沙史地概覽（Description historique et géographique de l`ile de Formose）。當然一切都是杜撰的。從此飛黃騰達，名利雙收，然後成家立業，再改信英國國教迄八十三歲壽終正寢。死後，他的遺孀還出了一本記事（mémoires），1764年於倫敦出版，再撈一筆。這個人一輩子靠一張嘴，偽造歷史，偽造福爾摩沙語文，的確邪道天才一個（註3）。

二、結論

　　人間世，奇人奇事，何其多，荒唐狗屁倒灶之事也不少，野史知道得越多，越覺得此一婆娑世界，自有其可眷戀之處。今日台灣，各色人等，政客奸商，魑魅魍魎，何其盛也，不過，四百年後，個個也可能成為傳奇人物，為後代子孫添供茶餘飯後之談助。敬請讀者也信手拈來，寫點有關福爾摩沙奇人軼事，以博眾人一粲。

註1：日本鎖國（只和荷蘭，大清做點小買賣和往來）被培里打破後，倒幕，維新和脫亞。終於經卅年的努力打敗大清帝國成為亞洲「白人」和第一強國。但日本繼續囂張進行軍事擴張主義。1945年終於一切化為烏有。

註2：本文有點「顏色」也就不抄寫了。出處同註3，頁294。

註3：Le Livre des Bisarres Robert Laffont 1981出版，頁274，作者Guy Bechtel和Jean-Claude Carriere。附Psalmanazar全文。

Psalmanazar

Un des plus étonnants mystificateurs connus. Né dans le Midi de la France en 1679, il connut, après des études religieuses, une jeunesse aventureuse, tantôt mendiant, tantôt escroc ou colporteur, et faillit même être fusillé comme espion. Il aimait déjà revêtir des personnalités d`emprunt. A l`âge de vingt ans, il résolut de se faire passer pour un Japonais, natif de l`île de Formose. Il imagina un nouvel alphabet, une nouvelle langue, un nouveau calendrier et prit le nom de Psalmanazar. Puis, ayant appris l`anglais, il s`établit à Londres. Là, le succès dépassa ses espérances. Il traduisit le catéchisme anglican en formosan – la langue qu`il avait inventée, et qu`il était le seul à parler – et cette traduction fut placée par l`évêque de Londres au nombre des manuscrits les plus précieux de sa bibliothèque. Encouragé,il publia en 1704 une description historique et géographique de l`île de Formose. parfaitement imaginaire, qui fit autorité pendant tout le XVIII siècle. On y trouvait des cartes et des gravures représentant les maisions, les costumes, les navires des Formosans.

L`homme vivait d`aumônes, assez grassement, et aussi de leçon de formosan qu`il donnait à quelques dévotes. Il composait des poèmes formosans et s`habillait d`un vêtement de son invention. Converti à l`anglicanisme, il travaillait avec l`évêque de Londres à un projet de conversion de l`île à cette religion, malgré l`opposition tenace des Jésuites.

Un jour, devenu amoureux, il avoua ses mensonges. Ses protecteurs n`en voulurent rien savoir. Il se maria et parvint à l`âge de quatrevingt-trois ans en travaillant comme compilateur, cette fois assagi, pour les libraires. Sa veuve publia ses Mémoires, à Londres, en 1764. On n`a jamais connu son vrai nom.

（登載於瑞士僑訊第十七期／2007年12月）

附錄

2005年中國發動全球文宣攻勢，企圖將台灣在世界各國所進行的邀請「國會議員訪台計畫」一舉粉碎。

在瑞士由一家德文週刊Fact首先發難；接著法文的Le Temps在地方版（6月15日）和全國版（6月23日）持續刊登污衊此一邀訪行為的報導。另一瑞士德文大報NZZ則只輕描淡寫地報導一下。

各國政府相互舉辦此一國會議員邀訪計畫，乃天經地義之事。駐瑞士代表處進行此一邀訪計畫已達卅年，成績不惡。又，此一計畫一向採低調方式進行。可能是記者專業水準不足亦或是被收買或受訪者本身水準之低落，文章中污衊我國代表處為一商務機構，並由此推定受邀訪議員恐被「收買」。真是門縫看人和下流。

針對該「攻勢」，代表處當然予以痛擊。此外，亦由代表親自以讀者投書方式針對各該文章撰文反駁。原文刊登於後，敬請懂法文之讀者評評理，恕不翻譯成中文了。

第一封不實報導（全文刊登）

SUISSE : Les voyages discrets et gratuits des parlementaires à Taïwan

Date de parution : Jeudi 23 juin 2005

Auteur : Thierry Meyer, Berne

CONTROVERSE. Depuis un quart de siècle, l'île invite des élus suisses pour exister diplomatiquement.

Alors que, depuis 2003, les directives de la nouvelle loi sur le parlement incitent les élus à la plus grande prudence en matière de cadeaux, et exigent d'eux qu'ils mentionnent leurs liens d'intérêts même s'il s'agit d'un «club de football ou un d'un chœur d'hommes», certains parlementaires continuent de passer en toute discrétion dix jours tous frais payés à Taïwan, cette république que la Suisse officielle ne reconnaît pas. Dans son édition d'aujourd'hui, le magazine alémanique Facts révèle que ces voyages luxueux et discrets ont commencé en 1980. Les élus invités défendent une pratique «dans l'intérêt de la Suisse».

Pour contourner l'ostracisme imposé par Pékin, qui somme les Etats de respecter sa doctrine d'«une seule Chine», Taïwan invite à tour de bras des parlementaires du monde entier. Y compris de Suisse, deuxième Etat à avoir reconnu la Chine communiste (en 1950). Depuis 1980, à travers la «Délégation culturelle et économique de Taïwan», son ambassade officieuse présidée par un Suisse aujourd'hui, le président du Conseil des Etats Bruno Frick (PDC/SZ), l'île chinoise a invité chez elle, chaque année, trois à cinq parlementaires. Soit une centaine en un quart de siècle. Parmi eux, des futurs conseillers fédéraux, comme Flavio Cotti ou Samuel Schmid.

Le cadeau: dix jours de voyage pour deux à l'autre bout du monde, avion et hôtel de luxe payé, soit une valeur commerciale approchant 10 000 francs. Les Taïwanais tentent-ils d'acheter le soutien des élus suisses? Ils s'en défendent, mais leur lobbying leur a déjà permis, par exemple, d'obtenir en 1994 de Flavio Cotti, chef des Affaires étrangères, l'autorisation de déménager leur antenne de Lausanne à Berne. Et en décembre dernier, au Conseil des Etats, Jean Studer (PS/NE) et Hans Hess (PRD/OW) ont défendu la décision du Tribunal fédéral d'accorder l'entraide judiciaire à Taïwan, dans la fameuse «affaire des frégates» françaises.

«Notre groupe doit rester officieux»

Or, Hans Hess n'a jamais dit qu'il était membre du comité du groupe Suisse-Taïwan. Jean Studer, président (déclaré) dudit groupe, justifie ce silence: «On connaît la sensibilité de la Chine populaire. Notre groupe, créé il y a cinq ans, est en phase de maturation. Pour l'instant, il doit rester «officieux». Taïwan est une démocratie en plein développement économique (la Suisse y est exportateur net), en difficulté avec son grand voisin. C'est un peu la cause tibétaine, la réussite économique en plus. Les invitations? Elles me posent moins de problèmes que les lobbies privés du parlement suisse.»

La conseillère nationale Chiara Simoneschi (PDC/TI), dont l'emploi du temps ne lui permet plus de participer au comité Suisse-Taïwan, est plus circonspecte. «Je me suis rendue à Taïwan en 2001, sur les conseils d'autres parlementaires tessinois. Je ne savais pas que c'était gratuit, et, avec le recul, je pense qu'il aurait fallu que je paie j'étais du reste prête à le faire. Les Taïwanais nous ont exposé quelques problèmes concrets, que nous avons tenté de résoudre, par exemple l'obtention de permis auprès du canton de Vaud pour étudier à l'école hôtelière de Lausanne.»

Conseiller aux Etats, Dick Marty (PRD/TI) a répondu favorablement à l'invitation de Taïwan en 2002. Ce héraut de la probité parlementaire réplique: «Un gouvernement démocratique, qui cherche à se faire comprendre, et qui invite des parlementaires, c'est une pratique usuelle.» L'ancien procureur tessinois était notamment accompagné de Christiane Brunner (PS/GE) et de Doris Leuthard (PDC/AG). La présidente démocrate-chrétienne ajoute: «Nous avons travaillé à une solution pour les visas touristiques des Taïwanais. Il sont des milliers à visiter la Suisse chaque année, et dépensent en moyenne 5000 francs par personne. J'ai donc œuvré pour le bien de mon pays, dans une activité de parlementaire pour laquelle il est normal que je sois défrayée. Ce n'étaient pas des vacances.» Jean-Claude Rennwald (PS/JU), qui était du dernier voyage en mai, ajoute qu'après s'être «posé la question» de son financement (en classe économique, cette fois), il a accepté parce qu'il s'agissait d'une collectivité publique, dont le statut rend difficile l'invitation d'une délégation officielle.

Son président de parti, Hans-Jürg Fehr (PS/SH), qui ignorait tout de ces voyages, est pourtant catégorique: «J'estime qu'un parlementaire doit payer lui-même ses déplacements non-officiels.» Yves Christen (PRD/VD), qui a voyagé en 1997, et subi des pressions pour soutenir la candidature taïwanaise à l'OMS, conclut:

«J'ai beaucoup de respect pour les Taïwanais, avec qui je garde de bons contacts. Mais aujourd'hui, ce genre d'invitation n'est plus compatible avec la lutte contre les conflits d'intérêt que mène le parlement.»

針對6月23日法文報Le Temps報導有關我國邀請
瑞士國會議員訪台係賄賂行為之報導，
王大使以讀者投書方式，撰文反擊。

06 Juillet 2005

Dans votre édition du 23 juin, un article est paru sur les
voyages des parlementaires fédéraux à Taiwan. Le journaliste
a mélangé des spéculations et des jugements subjectifs, ce
qui a sérieusement terni l'image de Taiwan. Nous invitons les
parlementaires à visiter Taiwan tout simplement pour mieux faire
connaître notre pays aux élites politiques suisses faisant preuve
de courage politique et ayant un esprit ouvert et juste. Il ne leur
est jamais demandé d'accomplir une quelconque mission pour
Taiwan au detriment des intérêts du gouvernement et du peuple
suisses. Les voyages tant décriés ne sont que des visites de
courtoisie honorant les élus suisses. Ce type d'invitation est tout
à fait usual entre les pays démocratiques et ne constitue en aucun
cas un "cadeau". D'ailleurs, ces éléments suivants motivent les
visites régulières d'élus suisse (1) le commerce bilatéral en 2004
entre Taiwan et la Suisse atteint 1.66 milliards dollars américains,
la Suisse étant exportatrice nette envers Taiwan avec un volume
d'exportation de 1.34 milliards USD; (2) Taiwan est le quatrième

partenaire commercial de la Suisse en Asie; (3) il y a chaque année 8.1 millions de passagers qui voyagent via Taiwan en Asie, tout ceci lie à la problématique d'exclusion de Taiwan de l'OMS, ce qui constitue une brèche du Réseau sanitaire global. Les parlementaires qui ont visité Taiwan l'ont toujours fait sans contrainte. Par conséquent, en travaillant dans les domaines concernant Taiwan, ils travaillent également dans l'intérêt de la Suisse. Monsieur le journaliste, pour vous faire mieux connaître Taiwan, toujours sous la menace constante de quelques 700 missiles déployés sur la côte sud-est de la Chine, nous vous invitons sincèrement à visiter notre pays, tant en vous demandant de payer le voyage à vos propres frais. En restant ouverts à vos réactions, nous vous prions d'agréer, Monsieur le journaliste, l'expression de nos salutations distinguées.

Délégation Culturelle et Economique de Taipei

第二封不實報導：稱我國邀瑞士地方議員進行政治觀光活動

RÉGIONS : Tourisme ou politique? Polémique sur un voyage de députés genevois

Date de parution : Jeudi 15 juin 2006

Auteur : Philippe Miauton

GENEVE. Huit députés au Grand Conseil s'envoleront pour l'Asie sur invitation de Taïwan. L'entier des frais de leur séjour sera assumé par l'île.

Suite à une invitation du gouvernement taïwanais, huit députés du Grand Conseil genevois se rendront en juillet sur l'ancienne Formose. C'est ce qu'annonçait hier matin la Radio suisse romande sur ses ondes.

Initialement, un représentant de chaque parti aurait dû prendre part à ce voyage touristico-politique. Au final, seule la droite aura répondu présent, le camp rose-vert refusant de s'embarquer dans ce qui s'apparente, à leurs yeux, à une erreur éthique en raison de leur fonction.

La gauche choquée Dans l'ambiance de moralisation politique que connaît le canton, ce voyage choque plus d'une personne. Sur le fond, tout d'abord, la destination provoque les premières levées de boucliers. Taïwan n'est pas officiellement reconnu par la Suisse. Accepter une invitation d'un gouvernement inofficiel relève pour la gauche d'un signe favorable apporté à cette jeune démocratie.

Mais c'est surtout la forme employée par l'île asiatique qui gêne. La totalité des frais sera en effet assumée par le gouvernement de Taipei qui, généreusement, a accepté les inscriptions excédentaires. Certains relèvent avec ironie que, pour une fois, les deniers publics ne seront pas touchés.

Au programme: visite des institutions politiques, d'entreprises et bien entendu visite des points touristiques du pays. «Rien d'extraordinaire», relève le député Guy Mettan, l'organisateur du voyage. «On soulève de faux problèmes, insiste-t-il, puisque cette semaine s'apparente à un voyage privé.»

Le député PDC ne s'y rendra toutefois pas. Mais il souligne l'aspect d'échange que revêt un tel déplacement. «L'île de Taïwan, isolée sur la scène internationale, cherche simplement à garder contact, notre canton est tout indiqué.»

En juillet, seul un représentant libéral, radical, démocrate-chrétiens, trois UDC et deux membres du MCG s'envoleront pour l'Asie.

«Nous savons rester critiques»

Philippe Miauton

Yves Nidegger, député UDC au Grand conseil genevois et participant au voyage.

Le Temps: Pour quelles raisons allez-vous entreprendre ce voyage?

Yves Nidegger: Le parlement taïwanais nous invite dans l'optique de nous montrer le fonctionnement de leurs jeunes institutions. Je trouve une telle démarche intéressante. Il n'y a donc rien d'anormal dans le fait de répondre positivement.

Je trouve par ailleurs dommage que la droite soit surreprésentée en raison de la réaction de la gauche. Cette dernière aurait eu ainsi l'occasion d'observer les avancées de la politique de cette île.

- Quelle vision portez-vous sur Taïwan?

- Depuis une dizaine d'années, cette île est démocratique. D'ailleurs, c'est son parlement qui nous invite. L'existence d'un parlement démontre clairement que des votations y sont tenues.

- A votre avis, ce voyage ne va-t-il pas à l'encontre de votre devoir de député?

- A priori, on pourrait croire que ce voyage se fait dans leur intérêt. Mais nous ne sommes plus des enfants, nous savons rester critiques. Par ailleurs, nous n'avons aucune compétence cantonale en tant que députés sur des sujets de politique internationale. Nous n'avons donc aucune influence possible selon les avis favorables ou défavorables que nous émettrions. Enfin j'ajouterai que nous partons durant le mois de juillet, soit pendant une période où le calendrier politique est calme. Cela ne prétéritera en aucune manière notre travail.

- Cela ne vous gêne-t-il pas que tous les frais soient assumés par le gouvernement taïwanais?

- Non! Je comprendrais si les frais avaient été pris en charge par le canton de Genève. Mais ici, ce n'est pas le cas. C'est un voyage professionnel dans lequel la curiosité sortira gagnante. Nous n'allons pas cracher sur cette offre, nous répondons à l'intérêt manifesté par Taïwan.

- Que répondez-vous aux critiques formulées par le camp rose-vert?

- J'ai l'impression de me retrouver en pleine guerre froide avec ces archétypes politiques. Certes il y a une moralisation de la politique actuellement à Genève, mais dans ce cas, il n'y pas de problèmes moraux dans ce déplacement. Je trouve que la gauche réagit de manière décalée en répondant à ces poncifs moraux.

«Voyager aux frais d'une autre princesse»

Philippe Miauton

Alain Charbonnier, député socialiste au Grand conseil genevois.

Ne participe pas au voyage. Le Temps: Pour quelles raisons la gauche a-t-elle décliné l'offre de voyage faite par le gouvernement taïwanais?

Alain Charbonnier: Notre groupe parlementaire a décidé à l'unanimité de ne pas participer à ce voyage à Taïwan, avant tout pour des raisons éthiques. Il nous apparaît que répondre favorablement à cette pseudo-démocratie va à l'encontre de notre tâche de député au Grand Conseil. Nous n'avons en effet pas à nous faire prendre par cette invitation alléchante qui s'apparente clairement à une action politique et économique.

- Et si le voyage devait s'effectuer dans un autre pays?

- Nous sommes contre le principe de ces déplacements. Le fait qu'en plus le pays hôte ne brille pas par son caractère démocratique ne fait que renforcer notre position. D'autant plus si les frais sont entièrement pris en charges par leur gouvernement, ce qui tend à prouver certaines de leurs intentions.

- Pourtant aucun argent ne sortira des caisses genevoises.

- En effet, mais si les citoyens genevois n'ont pas à se plaindre cette fois, les Taïwanais, quant à eux, pourraient le faire. Dans le fond, ces huit députés vont voyager et en profiter aux frais d'une autre princesse.

- A votre avis les députés n'ont pas à répondre a de telles invitations?

- Je ne peux juger pour les autres partis. Mais de mon point de vue, la droite n'a pas à s'ingérer dans la politique internationale. En tout cas, elle nous en a si souvent fait le reproche qu'elle se contredit avec cet exemple.

Par ailleurs, cette même droite a beaucoup critiqué ces derniers temps certains agissements, dans les affaires qui ont secoué le canton de Genève. Le fait d'accepter un tel voyage nous semble paradoxal.

- Faut-il dès lors légiférer pour interdire de telles pratiques?

- Lorsque l'on s'engage comme député, il faut avoir une certaine transparence et agir en son âme et conscience. Je ne suis pas pour qu'on légifère mais pour que chacun assume ses actes. A mon avis, profiter de certaines largesses n'est pas conforme à notre tâche.

A ma connaissance, lors de leur assermentation, seuls les juges s'engagent à ne pas accepter de cadeaux. Je ne crois pas toutefois que comme député nous fassions mention de ce point.

王大使世榕駁日內瓦邦社會黨議員於
訪問中稱我國為「偽民主國家」

19 juin 2006

Cher Editeur,

C'est avec une très grande surprise, pour dire le moins, que j'ai eu l'occasion de lire récemment que M. Alain Charbonnier, Député socialiste au Grand Conseil de Genève, nous a assimilé à un "pays pseudo-démocratique" (voir l'article "Tourisme ou Politique?" paru à la page 12, le 14 juin 2006, dans le journal Le Temps)

C'est un jugement ou une accusation tout à fait contre le sens commun, et révélateur d'une ignorance que nous essayons modestement de combler par nos programmes d'invitations.

Comme pour les Suisse, les citoyens de Taiwan jouissent de toutes les libertés fondamentales, et nos institutions démocratiques sont pleinement fonctionnelles. Elles sont d'ailleurs très bien classés dans les scores de liberté publiés par l'association indépendante "Freedom House".

Etant exprêmement surpris par cette déclaration, je serais reconnaissant à M. Charbonnier de m'éclairer sur le parcours de sa pensée pour arriver à un tel jugement. Est-ce que M. Charbonnier a mélangé et confondu la République Populaire de Chine (Chine communiste) et la République de Chine (Taiwan)?

Dans tous les cas, nous nous tenons à sa disposition, ainsi qu'à toutes personnes intéressées, pour éclaircir ce malentendu et pour répondre à toutes questions sur notre pays, qui bien qu'isolé diplomatiquement, a la fierté d'être une vraie démocratie respectueuse des droits humains.

Rex Wang

Représentant

Delegation Culturelle et Economique de Taipei

國家圖書館出版品預行編目

挑戰與回應：王世榕時勢論壇 / 王世榕著. --
　一版. -- 臺北市：秀威資訊科技, 2008. 05
　　　面；　　公分. --（社會科學類；PF0029瑞
　士僑訊叢書）

　ISBN 978-986-221-017-8（平裝）

　1.言論集　2.時事評論　3.華僑

078　　　　　　　　　　　　　97008202

社會科學類　PF0029

瑞士僑訊叢書①　**挑戰與回應 ── 王世榕時勢論壇**

作　　　　者／王世榕
發　行　人／宋政坤
執　行　編　輯／林世玲
圖　文　排　版／鄭維心
封　面　設　計／蔣緒慧
數　位　轉　譯／徐真玉　沈裕閔
圖　書　銷　售／林怡君
法　律　顧　問／毛國樑　律師
出　版　印　製／秀威資訊科技股份有限公司
　　　　　　　台北市內湖區瑞光路583巷25號1樓
　　　　　　　電話：02-2657-9211　傳真：02-2657-9106
　　　　　　　E-mail：service@showwe.com.tw
經　　銷　　商／紅螞蟻圖書有限公司
　　　　　　　台北市內湖區舊宗路二段121巷28、32號4樓
　　　　　　　電話：02-2795-3656　傳真：02-2795-4100
　　　　　　　http://www.e-redant.com

2008 年 5 月　BOD 一版
定價：240 元

讀　者　回　函　卡

感謝您購買本書，為提升服務品質，煩請填寫以下問卷，收到您的寶貴意見後，我們會仔細收藏記錄並回贈紀念品，謝謝！

1.您購買的書名：＿＿＿＿＿＿＿＿＿＿＿＿＿＿＿＿＿＿

2.您從何得知本書的消息？

　□網路書店　□部落格　□資料庫搜尋　□書訊　□電子報　□書店

　□平面媒體　□ 朋友推薦　□網站推薦 □其他＿＿＿＿＿＿

3.您對本書的評價：(請填代號　1.非常滿意 2.滿意 3.尚可 4.再改進)

　封面設計＿＿　版面編排＿＿　內容＿＿　文/譯筆＿＿　價格＿＿

4.讀完書後您覺得：

　□很有收獲　□有收獲　□收獲不多　□沒收獲

5.您會推薦本書給朋友嗎？

　□會　□不會，為什麼？＿＿＿＿＿＿＿＿＿＿＿＿＿＿＿＿＿

6.其他寶貴的意見：＿＿＿＿＿＿＿＿＿＿＿＿＿＿＿＿＿＿＿＿

＿＿＿＿＿＿＿＿＿＿＿＿＿＿＿＿＿＿＿＿＿＿＿＿＿＿＿＿＿

＿＿＿＿＿＿＿＿＿＿＿＿＿＿＿＿＿＿＿＿＿＿＿＿＿＿＿＿＿

＿＿＿＿＿＿＿＿＿＿＿＿＿＿＿＿＿＿＿＿＿＿＿＿＿＿＿＿＿

讀者基本資料

姓名：＿＿＿＿＿＿＿＿＿＿　年齡：＿＿＿＿　性別：□女 □男

聯絡電話：＿＿＿＿＿＿＿＿＿　E-mail：＿＿＿＿＿＿＿＿＿＿

地址：＿＿＿＿＿＿＿＿＿＿＿＿＿＿＿＿＿＿＿＿＿＿＿＿＿＿

學歷：□高中(含)以下　　□高中　　□專科學校　　□大學

　　　□研究所(含)以上 □其他＿＿＿＿＿＿＿＿

職業：□製造業 □金融業 □資訊業 □軍警 □傳播業 □自由業

　　　□服務業 □公務員 □教職　□學生 □其他＿＿＿＿＿＿

(請沿線對摺寄回,謝謝!)

秀威與 BOD

BOD（Books On Demand）是數位出版的大趨勢，秀威資訊率先運用 POD 數位印刷設備來生產書籍，並提供作者全程數位出版服務，致使書籍產銷零庫存，知識傳承不絕版，目前已開闢以下書系：

一、BOD 學術著作—專業論述的閱讀延伸
二、BOD 個人著作—分享生命的心路歷程
三、BOD 旅遊著作—個人深度旅遊文學創作
四、BOD 大陸學者—大陸專業學者學術出版
五、POD 獨家經銷—數位產製的代發行書籍

BOD 秀威網路書店：www.showwe.com.tw
政府出版品網路書店：www.govbooks.com.tw

永不絕版的故事・自己寫・永不休止的音符・自己唱